KB056710

가장 많이
사용하는

# 영단어
# 1800

초판 인쇄 ｜ 2011년 12월 10일
초판 발행 ｜ 2011년 12월 15일
지은이 ｜ 신지승
펴낸곳 ｜ 도서출판 새희망
펴낸이 ｜ 조병훈
디자인 ｜ 디자인 감7
등록번호 ｜ 제38-2003-00076호
주소 ｜ 서울시 동대문구 제기동 1157-3
전화 ｜ 02-923-6718    팩스 ｜ 02-923-6719

ISBN  978-89-90811-31-8  04740

값  10,000원

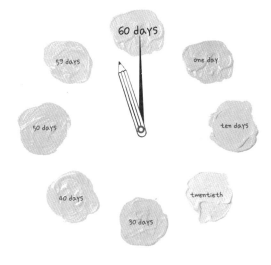

"60일 완성, 가장 많이 사용하는 영단어 1800"은
방대한 영어단어의 양과 다양한 의미 앞에 부담과 혼란을
느끼는 분들을 위하여 가장 많이 사용하는
영단어 1800자를 엄선 하였고 단어의 의미는
가급적 가장 자주 사용하는 것만을 수록하려 노력하였습니다.
또한 "60일 완성, 가장 많이 사용하는 영단어 1800"은
60일 만에 한 번 끝낼 수 있도록 구성을 하여
영어단어에 도전하는 분들이 하루하루
성취감을 가지고 공부할 수 있게 하였습니다.

## 이 책의 구성과 특징

### 1. 엄선된 단어와 엄선된 의미

각종 지문에서 가장 많이 사용되는 단어를 엄선하였고 또한 가장 자주 사용되는 단어의 의미만을 수록하려고 노력하였습니다.

### 2. 익숙하지만 다양하게 사용되는 단어추가

book은 우리 모두가 알고 있듯이 '책'이라는 뜻이지만 "예약하다."라는 뜻으로도 사용됩니다. 이렇게 쉽고, 익숙한 단어 중에 여러 가지 뜻으로 사용되어 혼란을 일으키는 단어 100여개를 선별하여 정리하였습니다.

### 3. 비슷해서 혼동하기 쉬운 단어 비교

vocation은 본업, 천직이라는 뜻이지만 vacation은 휴가라는 뜻입니다. 이 처럼 영어의 철자가 비슷하여 계속 우리를 혼란시키는 단어들이 있습니다. 이를 따로 정리하였습니다.

## 4. 60일 완성을 위한 구성

영어단어공부의 성패를 좌우하는 가장 중요한 것은 구체적인 성취감입니다. 영어단어공부의 의욕을 유지하기 위하여 60일에 한 번 끝낼 수 있도록 구성하였습니다. 또한 3일 분량이 끝날 때마다 check up, speed test를 배치하여 그 동안 익힌 것을 점검할 수 있도록 하였습니다.

## 5. 파생어, 유의어, 반의어

decide는 결정하다. 라는 동사 이고 decision은 결정, 결심 이라는 명사 이고 decisive는 결정적인 이라는 형용사입니다. 이처럼 단어의 중요 파생어를 함께 넣었고 중요한 유의어, 반의어가 있는 경우에는 이 또한 수록하여 도움이 되도록 하였습니다.

## 6. 짧지만 강렬한 예문

짧고 쉬우면서도 활용도가 높은 문장이나 필수 숙어를 예문으로 하여 더 기억 속에 잘 남도록 하였습니다.

# Contents

가장 많이 사용하는
# 영단어

1 ☐ **decide**
[disáid]

명 결정하다, 결심하다(determine)

명 decision 결정, 결심  형 decisive 결정적인

◆ He has decided to be a doctor. 그는 의사가 되기로 결심했다.


2 ☐ **role**
[roul]

명 역할

◆ play an important role in~ ~에 중요한 역할을 하다


3 ☐ **create**
[kriéit]

동 창조하다  명 creation 창조

명 creature 창조물, 생물

형 creative 창조적인

◆ I had created my own Christmas tradition. 수능기출
나만의 크리스마스 전통을 창조했다.


4 ☐ **effect**
[ifékt]

명 효과, 영향, 결과  형 effective 효과적인

◆ the harmful effect of noise 소음의 해로운 영향 수능기출

◆ have an effect on~ ~에 영향을 미치다

◆ cause and effect 원인과 결과


5 ☐ **economy**
[ikánəmi]

명 경제, 절약  명 economics 경제학

형 economical 검소한  형 economic 경제의

◆ national economy 국가 경제

◆ economic growth 경제 성장

6☐ **effort** [명] 노력(endeavor)

[éfərt]
◆ make an effort 노력하다

7☐ **consider** [동] 생각하다, 고려하다 [명] consideration 숙고, 고려

[kənsídər]
[형] considerable 상당한
[형] considerate 이해심이 많은
[전] considering ~을 고려하면
◆ We are considering buying a new car.
우리는 새 차를 사는 것을 고려 중이다.
◆ a considerable sum of money 상당한 액수의 돈

8☐ **discuss** [동] 토의(논의)하다 [명] discussion 토의, 논의

[diskʌ́s]
◆ We discussed what we should do after graduation.
우리는 졸업 후에 무엇을 할 것인지에 대해서 논의 했다.

9☐ **develop** [동] 발달(개발)하다, 필름을 현상하다 [명] development

[divéləp]
◆ developed country (이미 개발된 국가) → 선진국
◆ developing country (개발 중인 국가) → 개발 도상국
◆ develop a roll of film 필름 한 통을 현상하다

10☐ **relax** [동] 쉬다, 긴장을 완화하다

[rilǽks]
[형] relaxed 휴식을 취한, 느슨한
[명] relaxation 휴식, 이완
◆ Just relax and enjoy the movie.
긴장을 풀고(편하게) 영화를 즐기세요.

11□ **expression** 명 표현, 표정 동 express 표현하다, 나타내다
[ikspréʃən] 형 expressive 표현하는
◆ freedom of expression 표현의 자유

12□ **protect** 동 보호하다 명 protection 보호
[prətékt] 형 protective 보호하는
◆ protect the environment 환경을 보호하다

13□ **improve** 동 개선하다, 향상시키다 명 improvement 개선, 향상
[imprúːv] ◆ I want to improve my English.
나는 영어 실력을 향상시키고 싶다.

14□ **limit** 명 한계, 제한 동 제한(한정)하다
[límit] ◆ speed limit 제한 속도

15□ **employ** 동 고용하다(hire)
[implɔ́i] 명 employment 고용
명 employer 고용주 (↔ employee 고용인)
◆ They employed him as a clerk.
그들은 그를 사무원으로 고용했다.

16□ **culture** 명 문화, 교양 형 cultural 문화적인
[kʌ́ltʃər] ◆ growing interest in korean culture 수능기출
한국 문화에 대한 증가하는 관심

17□ **depressed** [형] 우울한, 낙담한, 불경기의

[diprést] [동] depress 우울하게 하다, 낙담시키다

[명] depression 불경기, 의기소침

◆ What's wrong? You look **depressed** today.
무슨 일이야? 오늘 우울해 보인다.

◆ a **depressed** market 침체된 시장

18□ **depend** [동] 의존하다, ~에 달려있다(on)

[dipénd] [형] dependent 의존적인 (↔ independent 독립적인)

[명] dependence 의존 (↔ independence 독립)

◆ Much **depends on** you. 많은 일이 너 자신에 달려있다.

◆ Children **depend on** their parents.
아이들은 부모에게 의존한다.

19□ **require** [동] 요구하다, 필요로 하다

[rikwáiər] [명] requirement 요구

◆ Today's world **requires** specialists, not generalists. [수능기출]
오늘날 세계는 만능인이 아닌 전문가를 요구한다.

◆ He requries medical care. 그는 치료를 받아야 한다.

20□ **realize** [동] 깨닫다, 실현하다

[ríːəlàiz] [명] reality 현실

[명] realization 실현

◆ **realize** one's own danger 자신의 위험을 깨닫다

◆ **realize** the dreams 꿈을 실현하다

21☐ **avoid**
[əvɔ́id]

동 피하다
◆ avoid bad company 나쁜 친구를 피하다
◆ I could not avoid saying so.
그렇게 말하지 않을 수 없었다.


22☐ **knowledge** 명 지식
[nálidʒ]

◆ You know it because you use your background
knowledge. 수능기출
당신은 배경 지식을 이용했기 때문에 그 답을 아는 것이다.


23☐ **remain**
[riméin]

동 ~인 채로 남아있다  명 (pl) 유적, 유물
◆ Their goals often remain unfocused. 수능기출
그들의 목표는 흔히 흐지부지된 채 남아 있다.


24☐ **public**
[pʌ́blik]

형 공공의, 공적인  명 (the–)대중
◆ a public holiday 공휴일


25☐ **according**
[əkɔ́ːrdiŋ]

부 ~에 따라서(to)  부 accordingly 그에 따라
◆ according to the news 뉴스에 따르면


26☐ **advise**
[ədváiz]

동 조언하다, 충고하다
명 advice 조언, 충고
명 adviser(advisor) 조언자
◆ I advise you to be cautious. 조심하도록 충고한다.

13

27☐ **upset**
[ʌpsét]

휑 뒤집힌, 기분이 상한 동 ~을 뒤엎다, 망치다
◆ She was upset that he had left without saying goodbye.
그녀는 그가 작별 인사도 없이 떠나서 화가 났다.

28☐ **lonely**
[lóunli]

휑 외로운, 고독한 명 loneliness 고독

29☐ **instead**
[instéd]

튀 대신에(instead of)
◆ He gave me a check instead of cash.
그는 나에게 현금 대신 수표를 주었다.

30☐ **recommend**
[rèkəménd]

동 추천하다 명 recommendation 추천
◆ I recommended him to the firm.
나는 그를 그 회사에 추천했다.

31☐ **spend**
[spend]

동 (spend-spent-spent) 쓰다, (시간을)보내다
◆ spend on ~ing ~하는데 (시간, 돈 등을) 소비하다

32☐ **suggest**
[səgdʒést]

동 암시하다, 제안하다 명 suggestion 암시, 제의
◆ Her words suggest that she loves him.
그녀의 말은 그녀가 그를 사랑하고 있음을 시사한다.

14

33 ☐ **appreciate** 图 감사하다, 감상하다 图 appreciation 감사, 감상

[əprí:ʃièit] ◆ I appreciate your help. 당신의 도움에 감사드립니다.

◆ appreciate English poetry 영시를 감상하다

34 ☐ **experience** 图图 경험(하다)

[ikspí(ə)riəns] ◆ You may have had this experience (수능기출)

당신은 이런 경험을 가졌을지 모른다.

35 ☐ **prove** 图 증명(입증)하다, 판명되다(turn out) 图 proof 증거

[pru:v] ◆ The report proved false. 그 보도는 거짓으로 드러났다.

36 ☐ **necessary** 图 필요한, 필수적인 图 necessity 필요, 필수품

[nésisèri] 图 necessarily 반드시

◆ Moderate exercise is necessary to health.

적당한 운동은 건강에 필요하다.

37 ☐ **indeed** 图 실로, 정말로(really)

[indí:d] ◆ A friend in need is a friend indeed.

필요할 때 친구가 진정한 친구이다.

38 ☐ **influence** 图 영향 图 영향을 미치다(affect)

[ínfluəns] 图 influential 영향력 있는, 유력한

◆ have a strong influence on~

~에게 강력한 영향을 미치다.

39□ **significant** 휑 중요한, 의미 있는 (↔ insignificant 대수롭지 않은)
[signífikənt] 명 significance 중요성, 의의
◆ a highly significant discovery 대단히 중요한 발견

40□ **opposite** 휑 정반대의, 맞은편의
[ápəzit] 동 oppose 반대하다 명 apposition 반대, 대립
◆ the opposite direction 반대 방향
◆ the house opposite to ours 우리집의 맞은편 집

41□ **notice** 명 주의, 주목, 통지 동 알아차리다(perceive), 주의하다
[nóutis] 휑 noticeable 주목할 만한, 현저한
동 notify ~에게 통지하다
◆ notice board 게시판

42□ **various** 휑 다양한, 여러가지의(varied) 명 variety 다양성
[vέ(ə)riəs] 동 vary 변화하다, 바꾸다
◆ for various reasons 여러가지 이유로

43□ **emphasis** 명 강조 동 emphasize 강조하다
[émfəsis] ◆ an emphasis on the value of time 수능기출
시간의 가치에 대한 강조

44□ **damage** 명동 손해, 손상(을 입히다)(harm, injury)
[dǽmidʒ] ◆ brain damage 뇌 손상

16

45☐ **allow**
[əláu]

동 허락하다, 인정하다  명 allowance 용돈, 허가

◆ Smoking is not allowed in the car. 차내 금연입니다.


46☐ **increase**
[inkrí:s]

동 증가하다(↔ decrease)  명 [ínkri:s]증가

부 increasingly 점점 더

◆ the increased cost of living 늘어난(증가된) 생활비


47☐ **decrease**
[dikrí:s]

동 감소하다(↔ increase)  명 [díkri:s] 감소

◆ decrease in value 가치가 떨어지다


48☐ **agree**
[əgrí:]

동 동의하다(↔ disagree)  명 agreement 동의

◆ I don't agree with your plan.
너의 계획에 동의할 수 없다.

◆ agree to (제의 등에) 찬성하다, 승낙하다


49☐ **complex**
[kəmpléks]

형 복잡한(complicated), 복합의(↔ simple단순한)

명 콤플렉스  명 complexity 복잡(성)

◆ a complex problem 복잡한 문제

◆ a complex tone 복합음


50☐**communicate**
[kəmjú:nikèit]

동 의사소통하다  명 communication 통신, 교통

형 communicable 전달할 수 있는, 전염성의

◆ We only communicate by e-mail.
우리는 이메일로만 소통한다.

17

51 □ **nervous** ㉨ 신경질적인, 초조한 ㉩ nerve 신경
[ná:rvəs] ◆ I felt really nervous before the interview.
면접 보기전에 정말 초조했다.


52 □ **stimulate** ㉦ 자극하다 ㉩ stimulation 자극
[stímjulèit] ◆ High wages stimulated the national economy.
높은 임금이 국가 경제를 자극했다.


53 □ **continue** ㉦ 계속되다
[kəntínju(:)] ㉨ continuous(continual) 계속되는, 끊임없는
◆ His speech continued an hour.
그의 연설은 한 시간 동안 계속되었다.


54 □ **include** ㉦ 포함하다(contain) (↔ exclude 제외하다)
[inklú:d] ㉩ inclusion 포함, 함유물
㉭ including~을 포함하여
◆ There are six of us including me in the house.
집에는 나까지 포함해서 6명이 있다.


55 □ **situation** ㉩ 상황, 위치 ㉨ situated 위치하고 있는
[sìtʃuéiʃ(ə)n] ◆ be in a difficult situation 어려운 상황에 처하다


56 □ **essential** ㉨ 본질적인, 필수적인 ㉩ essence 본질, 핵심
[isénʃəl] ◆ an essential difference 본질적인 차이

18

57☐ **beside**
[bisáid]

㉠ ~ 옆에, ~가까이에

㉤ besides 게다가, 또(moreover, furthermore)

◆ Her house is beside the river.
그녀의 집은 강가에 있다.

◆ **beside oneself** 기분이 좋은, 정신이 없는

58☐ **thought**
[θɔːt]

㉥ 생각, 사고  ㉧ thoughtful 생각이 깊은, 생각에 잠긴

◆ she was thoughtful for a moment.
그녀는 잠시 생각에 잠겼다.

59☐ **ancient**
[éinʃ(ə)nt]

㉧ 고대의(↔ modern 현대의), 먼 옛날의

◆ ancient civilization 고대 문명

◆ in ancient times 먼 옛날에

60☐ **offer**
[ɔ́ːfər]

㉦ 제공(제의)하다  ㉥ 제공, 제의

㉥ offering 제공, 헌금

◆ offer him a job 그에게 일자리를 제공하다

61☐ **disappear**
[dìsəpíər]

㉦ 사라지다(vanish) (↔ appear 나타나다)

㉥ disappearance 소멸, 실종

◆ The negative effects disappeared 수능기출
그 부정적인 효과가 사라졌다.

62□ **surprise**
[sərpráiz]
- (동) 놀라게 하다(astonish)  (명) 놀람
- (형) surprising 놀랄 만한
- ◆ to one's surprise 놀랍게도(surprisingly)

63□ **analyze**
[ǽnəlàiz]
- (동) 분석하다  (명) analysis 분석
- (명) analyst 분석가
- (형) analytic 분석적인
- ◆ Use your experience to analyze the situation.
  상황을 분석하기 위해 여러분의 경험을 사용하시오. 수능기출
- ◆ a detailed analysis 상세한 분석

64□ **accept**
[æksépt]
- (동) 받아들이다, 수락하다(↔ reject 거절하다)
- (명) acceptance 수용, 채용
- (형) acceptable 받아들일 수 있는, 만족스러운
- ◆ I received but could not accept his invitation.
  그의 초대를 받긴 했으나 응할 수 없었다.
- ◆ accept an apology 사과를 받아들이다

65□ **polite**
[pəláit]
- (형) 공손한, 예의바른 (↔ impolite 무례한)
- (부) politely 공손히
- ◆ a polite answer 정중한 답변

66□ **explain**
[ikspléin]
- (동) 설명하다  (명) explanation 설명
- ◆ explain a process of making paper
  종이의 제조법을 설명하다

67□ **appear**

[əpíər]

[동] 나타나다(↔disappear 사라지다), ~인 듯하다(seem)

[명] appearance 출현, 외모

◆ A ghostly figure **appeared** on the stage.

유령같은 모습이 무대에 나타났다.

◆ The orange **appears** rotten inside.

그 귤은 속이 썩은 것 같다.

68□ **conduct**

[kəndʌ́kt]

[동] 행동하다, 수행하다, 지휘하다

[명] [kάndəkt] 행위, 처신, 지도

[명] conductor 지휘자

◆ Behavior is the **conduct** of an organism – the way it acts. [수능기출]

행동은 한 유기체의 행위, 즉 그것이 활동하는 방식이다.

69□ **ignore**

[ignɔ́:r]

[동] 무시하다(neglect) [명] ignorance 무지

[형] ignorant 무지한, 무식한

◆ He completely **ignored** their opinions.

그는 그들의 의견을 완전히 무시했다.

◆ **ignorance** of other languages and cultures [수능기출]

다른 언어와 문화에 대한 무지

70□ **recognize**

[rékəgnàiz]

[동] 인정하다, 알아보다 [명] recognization 승인, 인정

◆ Even when it is big enough to be **recognized**

그것이 인지될 만큼 충분히 클 때조차도 [수능기출]

◆ His efforts came to be **recognized** nationwide.

그의 노력은 전국적으로 인정받게 되었다. [수능기출]

71 □ **publish** [pʌ́bliʃ]

[동] 출판하다, 발표(공표)하다 [명] publisher 출판사

◆ The novel was first published in 1965.
그 소설은 1965년에 처음으로 출판되었다.

72 □ **contact** [kəntkǽt]

[동] 접촉하다, 연락하다

[명] [kɑ́ntækt] 접촉, 연락

◆ come in contact with ~과 접촉(연락)하다

73 □ **cure** [kjuər]

[동] 치료하다(heal) [명] 치료(법) [형] cureless 불치의

◆ cure a patient 환자를 치료하다

74 □ **adapt** [ədǽpt]

[동] 적응시키다(to) [명] adaptation 적응

[형] adapted 적합한

◆ adapt oneself to a new environment
새로운 환경에 적응하다

75 □ **advantage** [ədvǽntidʒ]

[명] 유리, 이익, 이점(↔ disadvantage 불리, 역경)

[형] advantageous 이익이 있는, 유리한

◆ take advantage of ~을 이용하다(utilize)

◆ the cultural advantages of a great city
대도시가 갖는 문화적 이점

76 □ **disease** [dizíːz]

[명] 질병(illness)

◆ a heart disease 심장병

77 □ **regret** [rigrét]

[동] 후회하다 [명] 후회, 유감

[형] regretful 뉘우치는

◆ I regret having spent the money.
나는 그 돈 쓴 것을 후회한다.

◆ to one's regret 유감스럽게도

78 □ **involve** [inválv]

[동] 포함하다, 관련시키다(in)

[명] involvement 연루, 포함

◆ Reading involves a complex form of mental activity. 독서는 복잡한 정신 활동을 포함한다.

◆ We got involved in a traffic accident.
우리는 교통사고에 말려들었다.

79 □ **adopt** [ədápt]

[동] 채택하다(take up), 양자(양녀)로 삼다

[명] adoption 채택, 입양

◆ an adopted son(daughter) 양자(녀)

80 □ **accuse** [əkjúːz]

[동] 고발(비난)하다 [명] accusation 고발, 비난

◆ accuse a person as a murderer
남을 살인죄로 고발하다

◆ the accused (고발당한 사람) → 피고인

81 □ **indifferent** [indífərənt]

[형] 무관심한 [명] indifference 무관심

◆ Because of indifference to~ [수능기출]
~에 대한 무관심 때문에

# *Check up* (1st~3rd day)

## 1) 다음 영어는 우리말로, 우리말은 영어로 쓰시오.(1-14)

1. decide
2. protect
3. employ
4. recommend
5. various
6. significant
7. communicate

8. 무관심한
9. 노력
10. 지식
11. 경험
12. 영향
13. 문화
14. 질병

## 2) 다음 빈 칸에 알맞은 단어를 쓰시오.(15-24)

15. freedom of _____     표현의 자유
16. _____ country     개발 도상국
17. a check _____ cash     현금 대신 수표
18. to one's _____     놀랍게도
19. an _____ son     양자
20. brain _____     뇌손상
21. _____ the news     뉴스에 따르면
22. a public _____     공휴일
23. a _____ sum of money     상당한 액수의 돈
24. in _____ times     먼 옛날에

정답 1.결정하다 2.보호하다 3.고용하다 4.추천하다 5.여러가지의 6.중요한 7.의사소통하다 8.indifferent 9.effort 10.knowledge 11.experience 12.influence 13.culture 14.disease 15.expression 16.developing 17.instead of 18.surprise 19. adapted 20.damage 21.according to 22.holiday 23.considerable 24.ancient

82☐ **main**
[mein]

ⓗ 주된, 주요한(principal)
ⓟ mainly 주로(mostly)
◆ the main office 본사, 본점

83☐ **volunteer**
[vὰləntíər]

ⓜ 자원봉사자, 지원자  ⓓ 자원하다
ⓗ voluntary 자발적인
◆ a considerable increase in the number of
volunteers 수능기출
자원 봉사자 수의 상당한 증가

84☐ **encounter**
[inkáuntər]

ⓓ 우연히 만나다(come across)
ⓜ 뜻밖의 만남, 마주침
◆ encounter an old friend on the train
기차에서 옛 친구를 우연히 만나다

85☐ **crowd**
[kraud]

ⓜ 군중, 대중  ⓓ 군집하다, 붐비다
ⓗ crowded 붐비는
◆ The store was crowded with shoppers.
그 가게는 손님들로 붐비고 있었다.

86☐ **bright**
[brait]

ⓗ 밝은, 빛나는, 영리한(clever)
ⓓ brighten 빛나게 하다, 밝아지다
◆ a bright sunshine 밝은 햇빛

87□ **disaster** 圆 재난, 불행  圆 disastrous 재난의, 불행의
[dizǽstər]
 ◆ a natural disaster 천재(天災)
 ◆ a disastrous accident 대 참사


88□ **familiar** 圆 익숙한, 잘 아는, 친밀한(↔unfamiliar)
[fəmíljər]
 圆 familiarity 정통, 친함
 ◆ a familiar sight 익숙한 풍경
 ◆ be familiar with ~에 정통하다


89□ **excessive** 圆 과도한, 지나친  圆 excess 초과, 과잉
[iksésiv]
 동 exceed 넘다, 능가하다
 ◆ excessive charges 과도한 요금
 ◆ excess of stress 스트레스 과잉
 ◆ Its weight cannot exceed 2000 kilograms. 수능기출
  그것의 무게는 2000kg을 넘을 수 없다.


90□ **throughout** 전 ~를 통틀어, ~내내
[θru:áut]
 ◆ throughout the night 밤새도록
 ◆ He was famous throughout the country.
  그는 전국적으로 유명했다.


91□ **private** 圆 개인의, 사적인, 비공식의(↔public 공적인)
[práivit]
 圆 privacy 사생활
 ◆ in private 사적으로, 남몰래
 ◆ a private property 사유 재산


26

92 □ **prejudice** 몡 편견, 선입관
[prédʒudis] ◆ without prejudice 편견없이

93 □ **terrible** 혱 무서운(awful), 끔찍한 倶 terribly 무섭게
[térəbl] 동 terrify 무섭게 하다
cf. terrific 굉장한, 훌륭한

94 □ **difference** 몡 차이(점) 혱 different 다른
[dífərəns] 동 differ 다르다
◆ the difference between success and failure 수능기출
성공과 실패의 차이

95 □ **crop** 몡 농작물, 수확(고) 동 수확하다
[krɑp] ◆ an average crop 평년작, a bad crop 흉작

96 □ **disappointed** 혱 실망한, 낙담한(discouraged)
[dìsəpɔ́intid] 동 disappoint 실망시키다 몡 disappointment 실망
◆ to one's disappointment 실망스럽게도

97 □ **connect** 동 연결하다, 관련시키다
[kənékt] 몡 connection 연결, 관계
혱 connective 연결하는, 접속의
◆ connect two towns by a railroad
두 도시를 철도로 연결하다

27

98□ **treat**
[triːt]

동 다루다, 대접하다, 치료하다
명 treatment 취급, 대우, 치료
◆ treat a person kindly 남을 친절하게 대우하다
◆ I had my decayed teeth treated.
나는 충치를 치료받았다.

99□ **complain**
[kəmpléin]

동 불평하다,(고통을)호소하다  명 complaint 불평
◆ complain about high prices
물가가 비싸다고 불평하다

100□ **adult**
[ədʌ́lt]

명형 성인(의), 어른(의)(grown-up)
◆ an adult movie 성인 영화

101□ **contribute**
[kəntríbjuːt]

동 기여(공헌)하다  명 contribution 기여, 공헌
형 contributory 기여(공헌)하는
◆ He contributed greatly to the industrial growth
of the town.
그는 그 도시의 산업 발전에 크게 공헌했다.

102□ **research**
[risə́ːrtʃ]

명동 연구(하다), 조사(하다)  명 researcher 연구자
◆ economic research 경제 연구

103□ **forgive**
[fərgív]

동 용서하다(excuse)
◆ Pray forgive me! 부디 용서를 빕니다!

104☐ **govern**
[gÁvərn]

- 동 통치하다, 지배하다
- 명 governor 통치자
- 명 government 정부, 정치
- 형 governmental 정부의
- ◆ Without the government's support,~ 수능기출
  정부의 지원이 없다면

105☐ **concentrate**
[kánsəntrèit]

- 동 집중하다(on)
- 명 concentration 집중
- ◆ I concentrated more on improving my languag ability.
  나는 언어 능력을 향상시키는 데 더 집중하였다. 수능기출
- ◆ power of concentration 집중력

106☐ **achieve**
[ətʃíːv]

- 동 성취(달성)하다(accomplish)
- 명 achievement 성취, 업적
- ◆ achieve one's end 목적을 달성하다
- ◆ He reached a brilliant achievement.
  그는 빛나는 업적을 세웠다.

107☐ **identify**
[aidéntifài]

- 동 (동일 물건, 본인이라고)확인하다, 동일시하다
- 명 identity 신원, 정체성
- 명 identification 신분증, 신원확인
- 형 identical 동일한(same)
- ◆ identify handwriting 필적을 감정하다
- ◆ The contents of these books are identical.
  이 책들의 내용은 동일하다.

**Day 5**

108☐ **emotion**    몡 감정, 정서   몡 **emotional** 감정적인, 정서적인

[imóuʃən]    ◆ appeal to the emotion   감정에 호소하다

109☐ **remind**    동 ~에게 상기시키다, 일깨우다

[rimáind]    ◆ Please remind her to call me.

나에게 전화하는 것을 그녀에게 일러주시오.

◆ He reminds me **of** his brother.

그를 보니 그의 동생이 생각이 난다.

110☐ **separate**    동 분리하다(divide)   형 [sépərit]분리된

[sépərèit]    몡 **separation** 분리, 구분   뿐 **separately** 각자

◆ separate families (분리된 가족) → 이산 가족

◆ Although they had looked attractive separately

비록 그들이 각자 매력적으로 보였을지라도 수능기출

111☐ **focus**    몡동 초점(을 맞추다), 집중(하다)(on)

[fóukəs]    ◆ The discussion focused on three main problems.

토론은 세 가지 주요 문제에 집중하였다. 수능기출

112☐ **choose**    동(choose-chose-chosen)고르다, 선택하다

[tʃuːz]    몡 **choice** 선택

◆ choose between the two   둘 중에서 고르다

30

113☐ **possible** 　혱 가능한(↔impossible 불가능한)

[pásəbl] 　몡 possibility 가능성

　　　　　　閈 possibly 아마도(perhaps)

　◆ if possible 가능하다면

　◆ Possibly he will recover.

　　아마 그는 건강을 회복할 것이다.


114☐ **produce** 　동 생산하다(↔consume소비하다)

[prədjúːs] 　몡 product 생산물, 제품　몡 production 생산

　　　　　　몡 producer 생산자, 프로듀서

　　　　　　혱 productive 생산적인　몡 productivity 생산성

　◆ industrial products 공업 제품


115☐ **relationship**몡 관계　몡 relation 관계, 진술

[riléiʃ(ə)nʃip] 　동 relate 관련시키다, 말하다

　◆ the relationship between age and quality of life

　　나이와 삶의 질 사이의 관계 수능기출


116☐ **instance** 　몡 사례(example), 경우

[ínstəns] 　◆ for instance 예를 들어 (for example)


117☐ **wonder** 　동 궁금하게 여기다, 놀라다　몡 놀라움, 기적(miracle)

[wʌ́ndər] 　혱 wonderful 놀라운(marvelous), 훌륭한

　◆ I wonder who that man is.

　　저 사람이 누구인지 궁금하다.


31

118 □ **calm** [kɑːm]
[형] 고요한(quiet), 차분한 [동] 진정시키다
◆ a calm sea 잔잔한 바다, Calm down. 진정 하세요.

119 □ **reduce** [ridjúːs]
[동] 줄이다, 줄다(decrease)
[명] reduction 축소, 감소
◆ in order to reduce the stress [수능기출]
스트레스를 줄이기 위해

120 □ **compose** [kəmpóuz]
[동] 구성하다, 작곡하다 [명] composer 작곡가
[명] composition 구성, 작곡, 작문
◆ be composed of ~로 구성되다(consist of)
◆ compose a song 노래를 작곡하다

121 □ **subject** [sʌ́bdʒikt]
[명] 주제, 과목, 국민 [형] 받기 쉬운, 지배를 받는
[형] subjective 주관적인(↔objective 객관적인)
◆ a subject for discussion 논제
◆ be subject to damage 손해를 보기 쉬운

122 □ **quit** [kwit]
[동] 그만두다(stop)
◆ quit smoking 담배를 끊다

123 □ **average** [ǽvəridʒ]
[명][형] 평균(의), 보통(의)
◆ the average number of students per class [수능기출]
학급당 평균 학생 수

124☐ **individual** 명 개인 형 개인의, 개개의

[ìndivídʒuəl]
명 individualism 개인주의
명 individuality 개성
부 individually 개별적으로, 각각
◆ A society is a network of relationships among individuals. 수능기출
사회는 개인들간의 관계로 엮어진 하나의 네트워크이다.

125☐ **quality** 명 질, 특성(characteristic)

[kwáliti]
◆ an article of good quality 양질의 상품
◆ quality control 품질 관리

126☐ **quantity** 명 양(amount)

[kwántiti]
◆ Quality matters more than quantity
질이 양보다 중요하다.

127☐ **competition** 명 경쟁

[kàmpitíʃən]
동 compete 경쟁하다
명 competitor 경쟁자
형 competent 경쟁력있는, 능력있는
◆ compete with others in sports 수능기출
스포츠에서 남들과 경쟁하다

128☐ **suffer** 동 ~로 괴로워하다, 고생하다(from)

[sʌ́fər]
◆ suffer from a bad headache 심한 두통을 앓다

33

129□ **behavior**
[bihéivjər]

몡 행동(act), 태도  통 behave 행동하다

◆ change consumer's behavior 수능기출

소비자의 행동을 변화시키다


130□ **design**
[dizáin]

통 디자인(설계)하다, 계획하다  몡 디자인, 도안, 계획

◆ an airplane design 비행기의 설계도

◆ by design 계획적으로, 고의로


131□ **prevent**
[privént]

통 예방하다, 막다

몡 prevention 예방, 방해

혱 preventive 예방의, 방해하는

◆ In order to prevent such diseases 수능기출

그러한 질병들을 예방하기 위해

◆ prevent an accident 사고를 막다


132□ **prepare**
[pripέər]

통 준비하다(make ready)

몡 preparation 준비, 예습

혱 preparatory 준비의, 예비의

◆ prepare for the exams 시험을 준비하다(대비하다)


133□ **advance**
[ədvǽns]

몡통 전진(하다), 진보(하다), 향상(하다)

몡 advancement 전진, 진보

혱 advanced 진보적인, 상급의

◆ in advance 미리(beforehand), 선금으로

◆ make a great advance 장족의 발전을 하다

134☐ **valuable**
[vǽljuəbl]
형 가치 있는, 귀중한(↔ valueless)   명 value 가치
◆ valuable information  귀중한 정보


135☐ **invaluable**
[invǽljuəbl]
형 매우 귀중한(priceless)
◆ invaluable experience  매우 귀중한 경험


136☐ **climb**
[klaim]
동 오르다(ascend), 기어오르다
◆ climb a mountain  등산하다


137☐ **disabled**
[diséibld]
형 불구가 된, 무력해진   명 disability 무능, 불구
동 disable 불구로 만들다, 무능하게 하다
◆ the disabled  장애인(the handicapped)


138☐ **summary**
[sʌ́məri]
명형 요약, 요약한   동 summarize 요약하다


139☐ **challenge**
[tʃǽlindʒ]
명동 도전(하다)
◆ accept a challenge  도전을 받아들이다


140☐ **throat**
[θrout]
동 목구멍
◆ I have a sore throat.  목구멍이 아프다.

141 ☐ **argue**
[á:rgju:]

통 논쟁하다(dispute), 설득하다

명 argument 논의, 논쟁

◆ He argued with his father about the matter.
그는 아버지와 그 일에 관해서 토론했다.

◆ without argument 이의 없이

142 ☐ **attention**
[əténʃən]

명 주의, 주목, 돌봄

통 attend 출석(참석)하다, 돌보다

명 attendance 출석

◆ pay attention to ～에 주의를 기울이다 수능기출

◆ May I have your attention, please? 수능기출
잠시 주목해 주십시오.

143 ☐ **intend**
[inténd]

통 의도하다, ～할 작정이다(to)  명 intention 의지, 의도

형 intentional 의도된, 고의적인

◆ He intends to go there. 그는 그곳에 갈 작정이다.

144 ☐ **general**
[dʒénərəl]

형 일반적인, 보편적인(↔particular)  명 장군

부 generally 일반적으로

◆ a general opinion 일반적인 의견, 여론

◆ generally speaking 일반적으로 말하면

145 ☐ **waste**
[weist]

통 낭비하다, (기회를)놓치다  명 낭비, 쓰레기(garbage)

형 wasteful 낭비가 많은, 헛된

◆ Don't waste time. 시간을 낭비하지 마라.

36

146☐ **concern**
[kənsə́:rn]

동 관계하다(relate to), 걱정하다　명 관계, 걱정
전 concerning ~에 관하여(about)
◆ be concerned with ~와 관계가 있다
◆ be concerned about ~을 걱정하다

147☐ **affect**
[əfékt]

동 영향을 미치다(influence), 감동시키다
명 affection 영향, 애정
형 affective 감정적인　형 affectionate 애정이 있는
◆ How will these changes affect us?
이러한 변화들이 우리에게 어떻게 영향을 미칠까?

148☐ **suppose**
[səpóuz]

동 가정하다(assume), 추측하다
◆ be supposed to do ~하기로 되어 있다
◆ He is supposed to arrive at six.
그는 6시에 도착하기로 되어 있다.

149☐ **method**
[méθəd]

명 방법, 방식(manner)
◆ the method of teaching 가르치는 방법

150☐ **advertise**
[ǽdvərtàiz]

동 광고하다　명 advertisement 광고(ad)
◆ advertise a product 제품을 광고하다

151☐ **stage**
[steidʒ]

명 무대, 단계, 시대
◆ the early stage of civilization 문명의 초기 단계

152 ethnic [éθnik]
[형] 민족의, 인종의
◆ ethnic minorities 소수 민족들 [수능기출]

153 serious [síəriəs]
[형] 진지한, 중대한
◆ a serious mistake 중대한 실수

154 persuade [pərswéid]
[동] 설득하다 [형] persuasive 설득력 있는
◆ His argument is not persuasive. [수능기출] 그의 주장은 설득력이 없다.

155 view [vju:]
[명] 시야, 경치, 전망, 의견 [동] 보다, 간주하다
◆ point of view 관점(viewpoint)

156 convenient [kənví:njənt]
[형] 편리한(↔ inconvenient 불편한)
[명] convenience 편리
◆ for convenience' sake 편의상

157 envious [énviəs]
[형] 질투하는(jealous), 부러워하는
[명][동] envy 질투(하다), 시기(하다)
◆ an envious look 부러운 듯한 표정

158 negative [négətiv]
[형] 부정적인, 소극적인(↔positive 적극적인)
◆ the negative effect 부정적인 효과

159□ **positive**
[pázitiv]

휑 긍정적인, 적극적인 (↔negative 부정적인, 소극적인)
◆ the power of positive thought 긍정적인 생각의 힘


160□ **harvest**
[hɑ́:rvist]

몡동 수확(하다)
◆ an bad harvest 흉작, harvest festival 추수 감사제


161□ **nevertheless**
[nèvərðəlés]

뷔 그럼에도 불구하고(nonetheless)
◆ There was no news, nevertheless, she went
on hoping. 아무 소식이 없었음에도 불구하고
그녀는 계속해서 희망을 갖고 있었다.


162□ **information**
[ìnfərméiʃən]

몡 정보 동 inform 알리다, 통지하다(notify)
휑 informative 정보를 제공하는, 유익한
◆ Please inform me what to do next.
다음은 무엇을 할 것인지 알려 주십시오.


163□ **spirit**
[spírit]

몡 정신, 영혼, (pl)기분 휑 spiritual 정신적인
◆ a shelter for their spirit 그들 영혼의 피난처(안식처) 수능기출
◆ in high spirits 기분 좋게


164□ **aspect**
[ǽspekt]

몡 측면, 양상
◆ technical aspects of the work 작업의 기술적인 측면
◆ place too much emphasis on the 'global' aspect
alone 세계적인 측면만 너무 강조하다 수능기출

39

# *Check up* (4th-6th day)

## 1) 다음 영어는 우리말로, 우리말은 영어로 쓰시오.(1-14)

| | |
|---|---|
| 1. research | 8. 감정 |
| 2. achieve | 9. 양 |
| 3. compose | 10. 경쟁 |
| 4. challenge | 11. 방법 |
| 5. advertise | 12. 군중 |
| 6. contribute | 13. 무서운 |
| 7. prevent | 14. 진지한 |

## 2) 다음 빈 칸에 알맞은 단어를 쓰시오.(15-24)

| | |
|---|---|
| 15. an _____ crop | 평년작 |
| 16. _____ families | 이산 가족 |
| 17. for _____ | 예를 들면 |
| 18. valuable _____ | 귀중한 정보 |
| 19. Don't _____ time. | 시간을 낭비하지 마라. |
| 20. _____ for the examination | 시험을 준비하다 |
| 21. a _____ property | 사유 재산 |
| 22. _____ products | 공업 제품 |
| 23. pay_____ to | ~에 주의를 기울이다 |
| 24. point of _____ | 관점 |

---

### Speed Test

| | | | |
|---|---|---|---|
| delight | 즐겁게하다 | impolite | 무례한(rude) |
| assist | 도와주다(aid) | invest | 투자하다 |
| bewilder | 당황하게하다 | record | 기록(하다) |
| comrade | 친구(companion) | subway | 지하철 |
| decay | 썩다, 부패(하다) | example | 예, 모범 |
| enable | ~할 수 있게 하다 | display | 전시(하다)(exhibit) |

정답 1.연구하다 2.성취하다 3.구성하다 4.도전하다 5.광고하다 6.기여하다 7.예방하다
8.emotion 9.quantity 10.competition 11.method 12.crowd 13.terrible 14.serious
15.average 16.separate 17.instance 18.information 19.waste 20.prepare
21.private 22.industrial 23.attention 24.view

165☐ **belief**
[bilíːf]

- 몡 믿음, 신념
- 동 believe 믿다
- 형 believable 믿을 수 있는
- ◆ political beliefs 정치적 신념

166☐ **cause**
[kɔːz]

- 몡 원인, 이유(reason)  동 야기하다
- ◆ cause and effect 원인과 결과
- ◆ Speeding causes a lot of accidents.
  과속은 많은 사고를 일으킨다.

167☐ **participate**
[pɑːrtísipèit]

- 동 참가하다
- 몡 participation 참가
- ◆ participate in ~ 에 참가하다 (take part in)

168☐ **civilization**
[sìvilizéiʃən]

- 몡 문명   동 civilize 문명화하다, 개화하다
- ◆ He studies ancient civilization
  그는 고대 문명을 연구한다.

169☐ **expect**
[ikspékt]

- 동 기대하다, 예상하다
- 몡 expectation 기대, 예상
- ◆ meet our expectations 수능기출
  우리의 기대를 충족시키다

170☐ **whole**
[houl]
　　圏圏 전부(의), 전체(의)
　　튀 wholly 완전히(entirely), 전체적으로
　　◆ the whole country 전국

171☐ **embarrass**
[imbǽrəs]
　　동 당황하게 하다　명 embarrassment 당황
　　형 embarrassed 당황한
　　◆ be embarrassed in the presence of strangers
　　　낯선 사람들 앞에서 당황하다

172☐ **society**
[səsáiəti]
　　명 사회, 단체, 사교계　형 social 사회의
　　형 sociable 사교적인
　　◆ a medical society 의사회

173☐ **flat**
[flæt]
　　형 평평한
　　◆ a flat tire(평평한 타이어)→펑크난 타이어

174☐ **crisis**
[kráisis]
　　명 위기, (pl) crises[kráisiːz]
　　◆ an economic crisis 경제 위기

175☐ **physical**
[fízikəl]
　　형 신체의, 물리적인(↔ mental 정신적인)
　　명 physics 물리학
　　명 physician 내과 의사(↔ surgeon 외과 의사)
　　◆ a regular physical examination 수능기출
　　　정기적인 신체검사

42

176☐ **ability**
[əbíləti]

명 능력(↔ inability 무능력)

형 able 유능한 (be able to = can)

◆ the natural ability to fight off bacteria [수능기출]
세균과 싸워서 물리치는 타고난 능력

177☐ **actual**
[ǽktʃuəl]

형 실제의(real), 현실의 (↔ideal 이상의)

부 actually 실제로

◆ an actual fact 사실

178☐ **share**
[ʃɛər]

동 공유하다, 분배하다  명 몫, 역할

◆ All must share alike.
모두 똑같이 할당받아야 한다.

179☐ **environment**
[inváirənmənt]

명 환경  형 environmental 환경의

◆ environmental pollution 환경 오염

180☐ **immediately**
[imí:diətli]

부 즉시(at once)  형 immediate 즉각적인

◆ The figure disappeared immediately.
그 형체가 즉시 사라졌다.

181☐ **promote**
[prəmóut]

동 승진시키다, 촉진(장려)하다

명 promotion 승진, 촉진

◆ He was promoted to be minister.
그는 장관으로 승진했다.

182□ **tradition** 명 전통 형 traditional 전통적인
[trədíʃən]
◆ a tradition of my family
우리 집안의 전통

183□ **goal** 명 목표(aim), 득점
[goul]
◆ the most effective way to focus on your goals 수능기출
목표에 집중하는 가장 효과적인 방법

184□ **medicine** 명 약(물) 형 medical 의학의, 의료의
[méd(i)sn]
◆ a medicine for a cold 감기약
◆ a medical college 의과 대학

185□ **degree** 명 정도, 학위, (온도계의)도
[digrí:]
◆ the degree of doctor 박사 학위
◆ to a degree 어느 정도, by degree 점점

186□ **instinct** 명 본능, 직감 형 instinctive 본능적인, 직관적인
[ínstiŋkt]
◆ by instinct 본능적으로, 직관적으로
◆ No one's instincts are always correct. 수능기출
어떤 사람의 직감도 언제나 옳지는 않다.

187□ **popular** 형 인기 있는, 대중의 명 popularity 인기, 대중성
[pápjulər]
◆ a popular singer 인기 가수
◆ the popular opinion 여론

188☐ **prefer**   동 ~ 을 더 좋아하다(to)   명 preference 선호
[prifə́ːr]   형 preferable 더 바람직한, 더 나은

◆ prefer surfing the internet to reading books 수능기출
독서 보다 인터넷 서핑을 더 좋아하다

189☐ **exist**   동 존재하다   명 existence 존재
[igzíst]

◆ Man cannot exist without air.
사람은 공기가 없으면 존재하지(살지) 못한다.

190☐ **graduate**   동 졸업하다   명 [grǽdʒuit] 졸업생
[grǽdʒuèit]   명 graduation 졸업

◆ He graduated from a vocational training school.
그는 직업 훈련 학교를 졸업했다.

191☐ **humor**   명 유머, 해학
[hjúːmər]   형 humorous 우스꽝스러운, 익살스러운

◆ He has a sense of humor. 그에게는 유머 감각이 있다.

192☐ **thus**   부 따라서, 이와 같이(therefore)
[ðʌs]

◆ It is late, and thus you must go. 늦었으니 가야합니다.

193☐ **evolution**   명 진화, 발달(↔devolution 퇴화)
[èvəlúːʃən]   동 evolve 진화하다   형 evolutionary 진화의, 발달의

◆ the theory of evolution 진화론

# Day 8

194☐ **measure**
[méʒər]
阅 치수, 측정, (pl)조치  동 측정하다, ~의 치수를 재다
◆ take measures 조치를 취하다 수능기출
◆ in a large measure 상당히, 꽤 많이

195☐ **immigrant**
[ímigrənt]
阅 (입국해 오는)이민(자)(↔ emigrant (나가는)이민(자))
동 immigrate 이주하다  阅 immigration 이주
◆ immigrants from Europe 유럽에서 온 이민자들

196☐ **purpose**
[pə́:rpəs]
阅 목적(aim)  부 purposely 고의적으로(on purpose)
◆ for the purpose of ~위하여

197☐ **object**
[ábdʒikt]
阅 목적, 물체, 대상
동 [əbdʒékt] ~에 반대하다(to)
阅 objection 반대, 이의
阅형 objective 목표, 목적(purpose), 객관적인
◆ the fact that not everyone objects to their behavior
모든 사람들이 그들의 행동에 반대하지는 않는다는 사실 수능기출
◆ the objective of our committee 수능기출
우리 위원회의 목적

198☐ **shape**
[ʃeip]
阅 모양, 상태  동 ~의 형체로 만들다
◆ be in good shape 건강 상태가 좋다

46

**199** □ **approach** 몡동 접근(하다) 혱 approachable 접근할 수 있는
[əpróutʃ]
◆ She heard the car approach and stop outside. 수능기출
그녀는 차가 다가와 밖에서 멈추는 소리를 들었다.

**200** □ **poet** 몡 시인 몡 poetry 시 혱 poetic 시적인
[póuit]
◆ a vehicle of poetry and humor 수능기출
시와 유머의 전달 수단

**201** □ **resource** 몡 원천, (pl)자원
[rí:sɔːrs]
◆ natural resources 천연 자원

**202** □ **chemical** 혱 화학적인 몡 chemistry 화학 몡 chemist 화학자
[kémikəl]
◆ chemical reaction 화학 반응

**203** □ **dismiss** 동 해고하다(↔employ 고용하다), 해산하다
[dismís]
몡 dismissal 해고, 추방
◆ He was dismissed for drunkenness.
그는 주벽이 심해서 해고당했다.

**204** □ **enemy** 몡 적
[énəmi]
◆ natural enemy 천적

**205** □ **flow** 동 흐르다 몡 흐름
[flou]
◆ Rivers flow into the ocean. 강은 바다로 흘러든다.

206☐ **distribute** 동 분배하다  명 distribution 분배, 분포
[distríbjut]   ◆ the distribution of population  인구 분포

207☐ **meanwhile** 부 그 동안에, 한편으로는(meantime)
[mí:nhwàil]   ◆ Meanwhile we went to have a look at the garden.
그동안 우리는 뜰을 보러 갔다.

208☐ **provide** 동 제공(공급)하다  접 providing 만일~ 이라면(if)
[prəváid]   ◆ Cows provide us with milk.
소는 우리에게 우유를 제공한다.

209☐ **mankind** 명 인간, 인류(humankind)
[mænkáind]   ◆ the welfare of mankind  인류의 복지

210☐ **award** 동 주다, 수여하다  명 상, 상품
[əwɔ́:rd]   ◆ He was awarded a Nobel prize.
그는 노벨상을 받았다.

211☐ **conversation** 명 대화
[kànvərséiʃən]   ◆ a private conversation  사적인 대화

212☐ **accident** 명 사고, 우연  형 accidental 우연한
[ǽksidənt]   ◆ by accident 우연히, a traffic accident 교통 사고

213□ **heal**
[hiːl]

동 낫게 하다, 고치다(cure)

형명 healing 낫게 하는, 치료(법)

◆ Time heals all sorrows.
(시간은 모든 슬픔을 치유한다)→시간이 약이다.

214□ **determine**
[ditə́ːrmin]

명동 결정(결심)하다(decide)

명 determination 결정, 결심

◆ Character is determined by early education.
성격은 초기 교육으로 결정된다.

215□ **bother**
[bάðər]

동 괴롭히다, 귀찮게 하다  형 bothersome 귀찮은

◆ Don't bother me! 나를 귀찮게 하지 마!

216□ **evidence**
[évidəns]

명 증거, 증언

형 evident (증거가 있는)명백한(clear)(↔vague모호한)

◆ material evidence 물적 증거

217□ **support**
[səpɔ́ːrt]

명동 지지(하다), 부양(하다)  명 supporter 후원자

◆ support a large family 대가족을 부양하다

◆ in support of ~을 지지(찬성)하여

218□ **already**
[ɔːlrédi]

부 이미, 벌써

◆ The construction work is already completed.
건설 공사는 이미 끝났다.

219☐ **academic** 휑 학문의, 학구적인  몡 academy 학원, 전문학교
[æ̀kədémik]  ◆ a military academy 육군 사관 학교

220☐ **result** 몡 결과  동 결과로서 생기다(from)
[rizʌ́lt]  ◆ as a result 그 결과
◆ achieve productive and positive results 수능기출
생산적이고 긍정적인 결과를 성취하다

221☐ **attitude** 몡 자세, 태도
[ǽtitjùːd]  ◆ a hostile attitude 적대적인 태도

222☐ **abroad** 휑 외국에(overseas), 널리
[əbrɔ́ːd]  ◆ go abroad 외국에 가다
◆ spread abroad 널리 퍼지다

223☐ **lose** 동 잃어버리다, (경기에서)지다
[luːz]  휑 lost 잃어버린  몡 loss 손해, 손실
◆ We lost the game.  우리는 시합에 졌다.

224☐ **condition** 몡 상태, 상황, 조건
[kəndíʃən]  ◆ His condition is improving.
그의 건강 상태가 좋아지고 있다.
◆ changing conditions in the marketplace 수능기출
시장의 변화하는 상황

225☐ **certain**

[sə́ːrt(ə)n]

혱 확실한, 특정한

◆ for certain 확실히

◆ at a certain time 특정한 시간에

226☐ **encourage**

[inkə́ːridʒ]

동 용기를 북돋아 주다, 장려하다 (↔ discourage)

명 encouragement 격려, 장려

혱 encouraging 격려하는

◆ encourage individual members to think creatively
개인에게 창조적인 사고를 하도록 장려하다 수능기출

227☐ **rough**

[rʌf]

혱 거친

분 roughly 거칠게, 대략

◆ roughly speaking 대충 말해서

◆ The waves were rough and huge.
파도는 거칠고 거대했다.

228☐ **aboard**

[əbɔ́ːrd]

분 배안에, ~를 타고

◆ go aboard 승선하다

◆ All aboard! 승차해 주세요!

229☐ **opportunity**

[ápərtjuːniti]

명 기회

◆ equal opportunities for education 교육의 기회 균등

230□ **perceive** [동] 인식하다, 감지하다 [명] perception 인식

[pərsíːv]

◆ Your computer might **perceive** the image as ~
너의 컴퓨터는 그 이미지를 ~처럼 인식할지도 모른다. [수능기출]

231□ **detail** [명] 세부, 상세 [형] detailed 상세한

[ditéil]

◆ **in detail** 상세히

◆ a **detailed** description 상세한 묘사

232□ **available** [형] 이용할 수 있는, 쓸모 있는 [동] avail 쓸모 있다

[əvéiləbl]

◆ a ticket **available** for a week 일주일 동안 유효한 티켓

◆ **avail oneself of** ~을 이용하다 (make use of)

233□ **invent** [동] 발명(고안)하다 [명] invention 발명

[invént]

[명] inventor 발명가 [명] inventive 창의적인

◆ Necessity is the mother of **invention**
필요는 발명의 어머니이다.

234□ **guess** [명] 추측하다 [명] 추측, 추정

[ges]

◆ I **guess** him to be about 40.
나는 그가 40세 정도라고 추측한다

235□ **reproduce** [동] 번식하다, 복제하다 [명] reproduction 재생, 번식

[rìːprədjúːs]

◆ Viruses can **reproduce**. [수능기출]
바이러스는 자기증식(복제)을 할 수 있다.

236□ **local** ⓗ 지방의, 현지의  ⓜ localism 지방색

[lóukəl]  ◆ local time  현지 시간

237□ **manage** ⓥ 관리하다, 간신히~해내다(to)

[mǽnidʒ]  ⓜ management 관리, 경영  ⓜ manager 관리자

◆ He managed to get the airport in time.

그는 간신히 공항에 제 시간에 도착했다.

238□ **especially** ⓐ 특히(particularly)

[ispéʃəli]  ◆ This is especially worthy of notice.

이것은 특히 주목할 만하다.

239□ **normal** ⓗ 보통의(↔abnormal)

[nɔ́:rməl]  ⓐ normally 보통으로

◆ a normal condition 정상 상태

240□ **discover** ⓥ 발견하다  ⓜ discovery 발견

[diskʌ́vər]

241□ **outstanding** ⓗ 눈에 띄는, 현저한

[àutstǽndiŋ]  ◆ an outstanding player  눈에 띄는 선수

242□ **layer** ⓜ 층

[léiər]  ◆ the middle layers of society  사회의 중간 계층

243☐ **project**
[prádʒekt]

명 계획, 프로젝트
동 [prədʒékt] 계획(기획)하다, 발사하다
◆ project the construction of a new road
새로운 도로 건설을 계획하다

244☐ **unique**
[juːníːk]

형 유일한(only), 독특한
◆ unique characteristics 독특한 특성

245☐ **benefit**
[bénifit]

명 이익, 이점  동 이익을 주다(얻다)
형 beneficial 유익한
◆ for the benefit of  ~을 위하여

246☐ **assist**
[əsíst]

동 돕다(help) 명 assistant 조수
명 assistance 원조, 도움
◆ assist a person in an enterprise  남의 사업을 돕다

247☐ **collect**
[kəlékt]

동 모으다, 수집하다   명 collection 수집(물)
형 collective 모인, 집단적인
◆ collect information  정보를 수집하다

248☐ **attach**
[ətǽtʃ]

동 ~을 붙이다, 첨부하다(↔ detach 분리하다 )
명 attachment 부착
◆ attach a price tag on each article
각 상품에 가격표를 붙이다

249□ **spread** [동] 퍼뜨리다, 퍼지다

[spred]

◆ spread a disease 병을 퍼뜨리다

250□ **reflect** [동] 반사(반영)하다, 숙고하다

[riflékt]

[명] reflection 반사, 숙고

◆ The process of making hanji reflects human life.
한지를 만드는 과정은 인간의 삶을 반영한다. [수능기출]

◆ without reflection 경솔히

251□ **harmony** [명] 조화

[há:rməni]

[형] harmonious 조화된, 화목한

[동] harmonize 조화시키다

◆ be in harmony with ~와 조화를 이루다

252□ **greet** [동] 인사하다

[gri:t]

[명] greeting 인사, (pl)인사장

◆ She ran to greet him with a kiss.
그녀는 그에게 달려가 키스로 인사했다.

253□ **potential** [형] 가능한(possible), 잠재적인 [명] 잠재력

[pouténʃəl]

◆ a potential genius 천재의 소질이 있는 사람

254□ **anniversary** [명] 기념일

[æ̀nivə́:rsəri]

◆ a wedding anniversary 결혼 기념일

# *Check up* (7th-9th day)

## 1) 다음 영어는 우리말로, 우리말은 영어로 쓰시오.(1-14)

1. distribute
2. embarrass
3. participate
4. graduate
5. evolution
6. dismiss
7. discover

8. 사회
9. 문명
10. 전통
11. 약
12. 인간
13. 낮게 하다
14. 태도

## 2) 다음 빈 칸에 알맞은 단어를 쓰시오.(15-24)

15. _____ and effect     원인과 결과
16. by_____     점점
17. _____pollution     환경오염
18. the _____ opinion     여론
19. for the _____of     ~을 위하여
20. material _____     물적 증거
21. _____reaction     화학 반응
22. a traffic _____     교통사고
23. _____time     현지 시간
24. for the _____of     ~을 위하여

---

### Speed Test

| | | | |
|---|---|---|---|
| humorous | 익살스러운 | cautious | 조심성 있는 |
| encourage | 격려하다 | package | 소포 |
| sightseeing | 관광 | operation | 수술 |
| warranty | 보증서 | clerk | 점원 |
| otherwise | 그렇지 않으면 | tour guide | 관광 가이드 |
| meanwhile | 그러는 동안에 | client | 고객 |

정답 1.분배하다 2.당황하게 하다 3.참가하다 4.졸업하다 5.진화 6.해고하다 7.발견하다
8.society 9.civilization 10.tradition 11.medicine 12.mankind 13.heal 14.attitude
15.cause 16.degree 17.environmental 18.popular 19.purpose 20.evidence
21.chemical 22.accident 23.local 24.benefit

255 □ **celebrate**
[séləbrèit]
- 통 축하하다  명 celebration 축하
- 명 celebrity 명사
- 형 celebrated 유명한
- ◆ celebrate a victory  승리를 축하하다

256 □ **perform**
[pərfɔ́:rm]
- 통 실행하다, 공연하다
- 명 performance 실행, 공연
- ◆ perform a promise  약속을 실행하다

257 □ **imagine**
[imǽdʒin]
- 통 상상하다
- 명 imagination 상상(력)
- 형 imaginary 상상의
- 형 imaginable 상상할 수 있는
- ◆ an imaginary enemy  가상의 적

258 □ **excellent**
[éksələnt]
- 형 우수한, 뛰어난
- 통 excel ~보다 뛰어나다
- 명 excellence 우수, 탁월
- ◆ He is excellent in mathematics. 그는 수학이 우수하다.

259 □ **pollute**
[pəlú:t]
- 통 오염시키다  명 pollution 오염
- ◆ environmental pollution  환경 오염

260□ **trick**
[trik]
- 몡 장난, 속임수  동 속이다
- ◆ tricks of fortune  운명의 장난

261□ **aware**
[əwέər]
- 혱 ~을 알고 있는(↔unaware 알지 못한)
- ◆ be aware of  ~을 알고 있다

262□ **divide**
[diváid]
- 동 나누다, 분리하다
- 몡 division 분할
- ◆ divide a pie into two parts
  파이를 두 조각으로 쪼개다

263□ **flight**
[flait]
- 몡 비행, 날기  동 fly 날다
- ◆ a night flight  야간 비행
- ◆ a trial flight  시험 비행

264□ **desire**
[dizáiər]
- 동 바라다, ~을 요구하다  몡 욕망, 욕구
- ◆ I desire you to go at once.  네가 곧 가 주길 바란다.
- ◆ The performing arts also desire excellence. 수능기출
  공연 예술 또한 우수함을 요구한다.

265□ **confirm**
[kənfə́:rm]
- 동 확인하다, 굳히다
- 몡 confirmation 확인
- 혱 confirmed 확인된
- ◆ confirm the reservation  예약을 확인하다

58

266☐ **describe**
[diskráib]

동 묘사하다  명 description 묘사
형 descriptive 묘사하는
◆ a descriptive power  묘사력
◆ beyond description  형용할 수 없을 만큼

267☐ **plenty**
[plénti]

명 풍부, 충분  형 plentiful 풍부한, 많은(abundant)
◆ plenty of time  충분한 시간

268☐ **assume**
[əsjúːm]

동 가정하다, ~인 체하다  명 assumption 가정
형 assumed 가정의, 거짓의
◆ Let's assume what he says to be true.
  그가 하는 말은 진실이라고 가정하자.

269☐ **exercise**
[éksərsàiz]

동 운동(연습)하다, (권력 등을)행사하다  명 운동, 연습
◆ Swimming is good exercise. 수영은 좋은 운동이다.

270☐ **emerge**
[imɔ́ːrdʒ]

동 나타나다, 나오다
명 emergence 출현
◆ the new craft's basic design emerged from
  computer models 수능기출
  컴퓨터 모델에서 나온 새 비행기의 기본 디자인

271☐ **forest**
[fɔ́(ː)rist]

명 숲, 산림
◆ a natural forest  자연림

59

272□ **revolution** 몡 혁명  휑 revolutionary 혁명적인

[rèvəlúːʃən] ◆ the industrial revolution 산업 혁명

273□ **eventually** 튀 결국(finally)

[ivéntʃuəli] ◆ Eventually he became a doctor. 결국 그는 의사가 되었다.

274□ **invite** 톰 초대하다  몡 invitation 초대(장)

[inváit] ◆ I invited him to dinner.
나는 그를 저녁 식사에 초대했다.

275□ **period** 몡 기간, 시대, 주기  휑 periodic 주기적인, 정기적인

[píəriəd] 휑몡 periodical 정기 간행의, 정기 간행물, 잡지

◆ for very long periods of time 매우 오랫동안 수능기출

276□ **therefore** 튀 그러므로, 따라서

[ðɛ́ərfɔ̀ːr] ◆ I think, therefore I am.
나는 생각한다. 그러므로 나는 존재한다.

277□ **contemporary** 휑 현대의, 동시대의  몡 동시대 사람, 동갑내기

[kəntémpərèri] ◆ contemporary authors 현대의 저자들 수능기출

278□ **pain** 몡 고통, (pl)수고  휑 painful 아픈(aching)

[pein] ◆ She cried with pain. 그녀는 아파서 울었다.

60

279☐ **responsible** 휑 책임이 있는 (↔ irresponsible 무책임한)

[rispánsəbl] 똉 responsibility 책임

◆ Who is responsible for this state of affairs?
이 사태에 대한 책임은 누구에게 있는가?


280☐ **audience** 똉 청중

[ɔ́ːdiəns] ◆ address the audience  청중에게 연설하다


281☐ **boring** 휑 지루한, 따분한

[bɔ́ːriŋ] 똉 bore 지루하게 하다

◆ The lecture was deadly boring
그 강의는 몹시 지루했다.


282☐ **respect** 똉 존경(존중)하다  똉 존경, 관계(relation)

[rispékt] 휑 respectful 공손한

휑 respective 각각의

◆ in respect to ~에 관해서는(with respect to)

◆ a respected employee of this company  수능기출
이 회사의 존경받는 직원


283☐ **conserve** 똉 보존(보호)하다(preserve)

[kənsə́ːrv] 똉 conservation 보존, 보호

휑 conservative 보수적인

◆ conserve the wild plants growing in Korea  수능기출
한국에서 자생하는 야생 식물들을 보존하다


61

# Day 11

284☐ **leak**
[liːk]
동 새다  명 누출
◆ The boat is leaking. 보트에 물이 새어 들어온다.
◆ He detected a gas leak. 그는 가스가 새는 것을 탐지했다.

285☐ **noise**
[nɔiz]
명 소음  형 noisy 시끄러운
◆ Don't be noisy! 조용히 해!

286☐ **wage**
[weidʒ]
명 임금, 급료(salary)  동 (전쟁을)하다
◆ daily wages 일일 급료

287☐ **male**
[meil]
명형 남성(의), 수컷(의) (↔female)
◆ male hormone 남성 호르몬

288☐ **select**
[silékt]
동 고르다, 선택하다(choose)  명 selection 선택
◆ select a birthday present for one's child
아이에게 줄 생일 선물을 고르다

289☐ **compare**
[kəmpέər]
동 비교(비유)하다  명 comparison 비교, 비유
형 comparable 비교할 만한
◆ compare German with English
독일어를 영어와 비교하다

290☐ **deal**
[diːl]
동 다루다, 거래하다
명 dealing 거래　명 dealer 상인
◆ deal with ~을 다루다
◆ a great deal of 매우 많은, a tobacco dealer 담배 상인

291☐ **except**
[iksépt]
형 ~을 제외하고
명 exception 예외　형 exceptional 예외적인, 드문
◆ an exceptional case 예외적인 사례
◆ except the barking of distant dog 수능기출
멀리서 개 짖는 소리를 제외하고

292☐ **disturb**
[distə́ːrb]
동 방해하다(interrupt), 어지럽히다
명 disturbance 방해, 혼란
◆ People may disturb or anger us. 수능기출
사람들이 우리를 방해하거나 화나게 할 수 있다.

293☐ **contrary**
[kántreri]
명형 반대(의)
◆ On the contrary 그와는 반대로 수능기출
◆ Contrary to what Mr. Smith may believe 수능기출
스미스씨가 믿고 있는 것과는 반대로

294☐ **anxious**
[ǽŋkʃəs]
형 걱정하는(about), 갈망하는(for)
명 anxiety 걱정, 갈망
◆ He is always anxious about her health.
그는 항상 그녀의 건강을 걱정한다.

63

295☐ **critical**
[krítikəl]

형 비평의, 비판적인, 위험한   명 critic 비평가
명 criticism 비평, 비판   동 criticize 비평하다
◆ with a critical eye  비판적으로

296☐ **occupy**
[ákjupài]

동 종사하다, 차지 (점유)하다   명 occupation 직업, 점령
◆ be occupied in ~에 종사하다
◆ The building occupies an entire block.
　그 건물은 한 블록 전체를 차지하고 있다.

297☐ **construct**
[kənstrʌ́kt]

동 건설하다(↔destroy 파괴하다)
명 construction 건설
형 constructive 건설적인
◆ construct a house  집을 짓다

298☐ **honor**
[ánər]

명 명예(↔dishonor)   형 honorable 존경할 만한
◆ in honor of  ~을 기념하여, ~에게 경의를 표하여

299☐ **maintain**
[meintéin]

동 유지하다, 주장하다   명 maintenance 유지, 주장
◆ encourage them to maintain their ability in their
　mother tongues  수능기출
　그들이 모국어에 대한 능력을 유지하도록 장려하다

300☐ **female**
[fíːmeil]

명 형 여성(의), 암컷(의) (↔male)
◆ female education  여성 교육

301☐ **guilty**
[gílti]

형 유죄의(↔innocent 무죄의) 명 guilt 유죄
형 guiltless 죄 없는, 결백한
◆ declare the prisoner guilty of murder
그 죄수에게 살인죄를 선고하다

302☐ **sin**
[sin]

명 (종교,도덕상의)죄 (cf. crime은 법률상의 죄)
형 sinful 죄 많은

303☐ **innocent**
[ínəsnt]

형 순진한, 무죄의(↔guilty)
명 innocence 순결, 결백
◆ He is innocent as far as I know.
내가 알고 있는 한 그는 결백하다.
◆ an innocent mischief 악의없는 장난

304☐ **request**
[rikwést]

명 요구, 요청 동 요청하다(require)
◆ on request 요청이 있는 대로
◆ the use of direct requests for handling children
아이를 다루기 위해 직접적인 요구를 하는 것 수능기출

305☐ **author**
[ɔ́:θər]

명 저자, 작가(writer)
◆ the author of this novel 이 소설의 저자

306☐ **impressive**
[imprésiv]

형 인상적인 명 impression 인상, 감명
동 impress ~에게 (깊은) 인상을 주다, 감명을 주다
◆ first impression 첫 인상

307☐ **discipline** 명 훈련, 규율  동 훈련하다

[dísiplin]
◆ moral discipline  도덕적 규율
◆ He had to be disciplined severely.
  그는 혹독하게 훈련을 받아야 했다.


308☐ **regular** 형 보통의, 규칙적인, 정기적인(↔ irregular)

[ré:gjulər]
명 regularity 질서, 규칙적임
◆ regular size  보통 크기
◆ have a regular physical examination 수능기출
  정기적인 신체검사를 받다


309☐ **seldom** 부 좀처럼 ~ 않다(rarely)

[séldəm]
◆ He takes a walk very seldom.
  그는 좀처럼 산책을 하지 않는다.


310☐ **severe** 형 엄격한, 가혹한, 심한

[sivíər]
◆ a severe toothache  심한 치통


311☐ **occasion** 명 경우, 기회, 시기  형 occasional 때때로의

[əkéiʒən]
◆ on occasion  때때로


312☐ **eager** 형 열심인, 갈망하는  부 eagerly 열심히

[í:gər]
◆ He is eager to learn how to drive a car.
  그는 자동차 운전 배우기를 갈망한다.

66

313☐ **religion**
[rilídʒən]

⊛ 종교  ⊛ religious 종교의

◆ a religious book 종교 서적

314☐ **commit**
[kəmít]

⊛ 맡기다, 범하다  ⊛ commission 위임, 수수료

⊛ committee 위원회

◆ commit a crime 죄를 범하다

315☐ **educate**
[édʒukèit]

⊛ 교육하다  ⊛ education 교육  ⊛ educator 교육자

◆ elementary education 초등 교육

316☐ **among**
[əmʌ́ŋ]

⊛ (셋 이상일 때)~사이에, ~ 중에 (cf. 둘 between)

◆ one among a thousand 천 명 중에 한 사람

◆ He hid himself among the bushes.

그는 덤불 사이에 몸을 숨겼다.

317☐ **demand**
[dimǽnd]

⊛ 요구, 수요(↔supply 공급)  ⊛ 요구하다, 필요로 하다

◆ a demand for higher wages 임금 인상 요구

318☐ **supply**
[səplái]

⊛ 공급  ⊛ 공급하다, 충족시키다

◆ demand and supply 수요와 공급

◆ supply people with clothing 사람들에게 의류를 공급하다

319□ **beyond**
[bijánd]

전 ~의 저쪽에, ~을 넘어서

◆ beyond oneself 정신없이

◆ The news did not travel far beyond the village.
그 소식은 마을을 넘어 멀리 퍼지지 않았다. 수능기출


320□ **satisfy**
[sǽtisfài]

동 만족시키다

명 satisfaction 만족

형 satisfactory, satisfied 만족한

◆ Are you satisfied with your income ?
당신은 당신의 수입에 만족하고 있습니까 ?


321□ **myth**
[miθ]

명 신화(legend )

◆ the Greek myth 그리스 신화


322□ **direct**
[dirékt]

동 지시(감독)하다  형 똑바른, 직접의(↔indirect 간접의)

명 direction 방향, 지시

명 director 감독

부 directly 즉시(instantly)

◆ I directed him to study English every day.
나는 그에게 날마다 영어를 공부하도록 지시했다.

◆ in the direction of ~의 쪽에


323□ **origin**
[ɔ́:ridʒin]

명 기원, 태생  형 original 최초의, 독창적인

부 originally 원래는

◆ the origin of the river 강의 발원지

324☐ **suddenly**    튄 갑자기(all of a sudden)
[sʌ́dnli]    휑 sudden 갑작스러운, 불시의

325☐ **distinct**    휑 다른(different), 별개의, 명백한   휑 distinctive 독특한
[distíŋkt]    똉 distinction 구별
◆ Hares are distinct from rabbits.
산토끼와 집토끼는 다르다.

326☐ **hardly**    튄 거의~ 않다(barely)
[háːrdli]
◆ hardly(scarcely) ever ~ 하는 경우가 거의 없다.
◆ He will hardly come now.
그는 이제 거의 오지 않을 것 같다.

327☐ **absent**    휑 결석한, 없는   똉 absence 결석
[ǽbs(ə)nt]
◆ be absent from office 회사를 결근하다

328☐ **occur**    똉 일어나다, 발생하다(happen), 생각이 떠오르다
[əkə́ːr]
◆ events that occur on the other side of the world 수능기출
세계의 다른 쪽에서 일어나는 사건들
◆ A fresh idea occurred to me. 참신한 생각이 떠올랐다.

329☐ **convince**    똉 확신시키다, 설득하다(persuade)
[kənvíns]    휑 convincing 확실한
◆ He became convinced that ~ 수능기출
그는 ~을 확신하게 되었다.

69

330☐ **expert**
[ékspə:rt]

명 전문가   형 전문적인, 능숙한(skillful)

331☐ **define**
[difáin]

동 정의하다, 한정하다   명 definition 정의

형 definite 명확한, 한정된(↔ indefinite)

부 definitely 명확히, 분명히

◆ I definitely remember sending the letter.
나는 그 편지 보낸 것을 분명히 기억한다.

332☐ **hide**
[haid]

동 숨다, 숨기다(conceal)

◆ hide behind a door 문 뒤에 숨다

333☐ **balance**
[bǽləns]

명동 균형(을 잡다), 조화(를 이루다)

◆ balance of power 세력의 균형

334☐ **source**
[sɔ:rs]

명 근원(origin), 출처

◆ Idleness is the source of all evil.
나태는 모든 악의 근원이다.

◆ a reliable source 믿을 만한 소식통(출처)

335☐ **owe**
[ou]

동 빚지다, 신세를 지다, ~덕택이다

◆ owing to ~ 때문에, ~덕분에

◆ owe A to B   A는 B의 덕택이다

◆ we owe it to a few writers of old times. 수능기출
그것은 옛 시대의 몇몇 작가들 덕택이다.

336□ **confused** [형] 혼란스러운, 당황한
[kənfjúːzd] [동] confuse 혼란시키다, 당황하게 하다(embarrass)
[명] confusion 혼란, 당황
◆ confused state of mind 혼란스러운 마음상태

337□ **insist** [동] 주장하다, 강요하다 [명] insistence 주장
[insíst]
◆ He insisted that his brother is innocent.
그는 자기 형이 무죄라고 주장했다.

338□ **appointment** [명] 약속, 임명 [동] appoint 임명(지정)하다
[əpɔ́intmənt]
◆ make an appointment 약속하다
◆ appoint a new secretary 새 비서관을 임명하다

339□ **announce** [동] 알리다(inform), 발표하다
[ənáuns] [명] announcement 통지, 발표 [명] announcer 아나운서
◆ She has announced her marriage to her friends.
그녀는 친구들에게 자기의 결혼을 발표했다.

340□ **visible** [형] 눈에 보이는(↔invisible), 뚜렷한
[vízəbl]
◆ visible to the naked eye 육안으로 보이는

341□ **similar** [형] 유사한 (to) [명] similarity 유사
[símilər] [부] similarly 마찬가지로
◆ animals with nervous systems similar to worm's
벌레와 유사한 신경계를 가진 동물들 [수능기출]

# Check up (10th-12th day)

1) 다음 영어는 우리말로, 우리말은 영어로 쓰시오.(1-14)

1. similar
2. excellent
3. describe
4. respect
5. disturb
6. maintain
7. severe

8. 순진한
9. 숲
10. 청중
11. 건설하다
12. 명예
13. 저자
14. 종교

2) 다음 빈 칸에 알맞은 단어를 쓰시오.(15-24)

15. _____ of power      세력의 균형
16. an _____ enemy      가상의 적
17. the _____ revolution      산업 혁명
18. _____ hormone      남성 호르몬
19. a great _____ of      매우 많은
20. first _____      첫 인상
21. elementary _____      초등 교육
22. be _____ from office      회사를 결근하다
23. _____ a crime      죄를 범하다
24. with a _____ eye      비판적으로

## Speed Test

| | | | |
|---|---|---|---|
| shower | 소나기 | postcard | 엽서 |
| dentist | 치과의사 | cheerful | 유쾌한 |
| vacancy | 빈 방 | pharmacist | 약사 |
| entrance exam | 입학시험 | headache | 두통 |
| secretary | 비서 | gloomy | 우울한 |
| withdraw | 인출하다 | generous | 관대한 |

정 답 1.유사한 2.우수한 3.묘사하다 4.존경하다 5.방해하다 6.유지하다 7.엄격한
8.innocent 9.forest 10.audience 11.construct 12.honor 13.author 14.religion
15.balance 16.imaginary 17.industrial 18.male 19.deal 20.impression 21.education
22.absent 23.commit 24.critical

Day 13

342□ **punish**
[pʌ́niʃ]
동 처벌하다 (↔ forgive 용서하다)
명 punishment 처벌
◆ He was punished with death. 그는 사형에 처해졌다.

343□ **recycle**
[riːsáikl]
동 재활용하다
형 recyclable 재생할 수 있는
◆ recycled paper 재생지

344□ **overcome**
[òuvərkʌ́m]
동 극복하다
◆ overcome the difficulties they encounter day after day 수능기출
일상생활에서 마주치는 어려움들을 극복하다

345□ **biology**
[baiɑ́lədʒi]
명 생물학
명 biologist 생물학자
형 biological 생물학의

346□ **harm**
[hɑːrm]
명동 해(치다), 손상(시키다)
형 harmful 해로운 (↔ harmless 무해한)
◆ do harm 해를 끼치다 (↔ do good 이익이 되다)
◆ the harmful effects of noise 수능기출
소음의 해로운 영향

347□ **ashamed** 형 부끄러워하는

[əʃéimd] ◆ She was deeply ashamed of her behavior
at the party.
그녀는 그 파티에서의 행동을 매우 부끄러워했다.

348□ **flood** 명 홍수, 쇄도 동 침수하다, 넘치다(overflow)

[flʌd] ◆ a flood of callers 방문객의 쇄도
◆ The houses were flooded by the rains.
비로 집이 침수되었다.

349□ **taste** 명 맛, 취향 동 맛보다

[teist] 형 tasty 맛있는
◆ have a taste for ~을 좋아하다
◆ The apple taste sour. 그 사과는 신 맛이 난다.

350□ **admit** 동 인정하다, 입장(입학)을 허가하다

[ədmít] 명 admission 인정, 입장(료)
◆ an admission ticket 입장권

351□ **lack** 명동 결핍(되다), 부족(하다)

[læk] ◆ lack of funds 자금 부족

352□ **annoy** 동 괴롭히다, 짜증나게 하다(irritate)

[ənɔ́i] 형 annoying 귀찮게 (짜증나게)하는

74

353☐ **spot**

[spat]

명 장소, 지점, 얼룩, 점

◆ on the spot  현장에서

◆ Moles are dark spots on the human skin. 수능기출
  mole(점)은 인간의 피부에 있는 검은 점이다.


354☐ **relieve**

[rilíːv]

동 경감(안심)시키다, 구제하다  명 relief 구제, 안심

◆ I was relieved at the news.
  그 소식을 듣고 나는 안심하였다.


355☐ **although**

[ɔːlðóu]

접 비록 ~일지라도(though)

◆ Although poor, he is happy.
  그는 가난하지만 행복하다.


356☐ **experiment**  명동 실험(하다)

[ikspérimənt]

형 experimental 실험의

◆ a chemical experiment  화학 실험


357☐ **aid**

[eid]

동 돕다(help)  명 도움

◆ first aid  응급 치료

◆ aid war victims  전쟁 이재민을 돕다


358☐ **ceremony**  명 의식, 의례

[sérəmòuni]

형 ceremonial 의식의

◆ a graduation ceremony  졸업식

359☐ **soil**
[sɔil]

⃝명 흙
◆ fertile soil  비옥한 흙

360☐ **release**
[rilíːs]

⃝명 ⃝동 석방(하다), 풀어주다, (영화 따위를)개봉(하다), 발표(하다)
◆ They released the prisoners.
그들은 죄수들을 석방했다.

361☐ **ordinary**
[ɔ́ːrd(i)nèri]

⃝형 보통의(↔extraordinary 비상한)
⃝부 ordinarily 보통, 대개
◆ in ordinary dress  평상복으로

362☐ **promise**
[prámis]

⃝동 약속하다  ⃝명 약속, 장래의 가망
⃝형 promising 장래가 촉망되는
◆ keep a promise  약속을 지키다
◆ a promising youth  장래가 촉망되는 청년

363☐ **host**
[houst]

⃝동 주최하다  ⃝명 주인, 주최 측
◆ a host of new anxieties  수능기출
수많은 새로운 걱정거리들
◆ Beijing will host the next Olympics.
다음 올림픽 개최지는 북경이다.

364☐ **material**
[mətíəriəl]

⃝명 물질, 재료  ⃝형 물질의
◆ raw material  원료

365☐ **contract**
[kántrækt]

몡 계약(서)  몡 contractor 계약자

동 [kəntrǽkt] 계약하다

◆ a contract of insurance  보험 계약


366☐ **gather**
[gǽðər]

동 모이다, 모으다(assemble)

몡 gathering 모임

◆ A rolling stone gathers no moss. 속담
구르는 돌에는 이끼가 끼지 않는다.


367☐ **structure**
[strʌ́ktʃər]

몡 구조(물)  혱 structural 구조상의

◆ the structure of the human body  인체의 구조


368☐ **rule**
[ru:l]

몡 규칙, 지배  동 지배하다, 통치하다

몡 ruler 통치자

◆ as a rule  대체로, 일반적으로


369☐ **represent**
[rèprizént]

동 나타내다, 상징하다, 대표하다

몡 representative 대표자  혱 대표하는

◆ The small room represents our earth. 수능기출
그 작은 방은 우리의 지구를 상징한다.


370☐ **fail**
[feil]

동 실패하다(↔succeed), 낙제하다

몡 failure 실패(↔success)

◆ The scheme failed. 계획은 실패했다.

371☐ **receive** 동 받다 명 reception 수령, 접대
[risíːv]
명 receipt [risíːt] 영수증
◆ How you received the salary? 봉급을 받았느냐?

372☐ **attractive** 형 매력적인(fascinating)(↔unattractive)
[ətrǽktiv]
동 attract 끌다, 매혹시키다
명 attraction 매력, 끄는 힘
◆ an attractive girl 매력적인 소녀

373☐ **tend** 동 ~ 하는 경향이 있다, ~하기 쉽다(to)
[tend]
명 tendency 경향, 추세
◆ Fruits tend to decay. 과일을 썩기 쉽다.

374☐ **respond** 동 응답하다, 반응하다(to)
[rispánd]
명 response 응답, 반응
형 responsive 반응하는
◆ in response to ~에 응답하여
◆ She never responded to my letter.
그녀는 결코 내 편지에 답하지 않았다.

375☐ **gene** 명 유전자 명 genetics 유전학
[dʒiːn]
형 genetic 유전적인

376☐ **accompany** 동 동행(동반)하다

[əkʌ́mpəni]　　◆ He was accompanied by his brother.
　　　　　　　그는 동생을 동반하고 있었다.


377☐ **destroy**　동 파괴하다(↔ construct)　명 destruction 파괴

[distrɔ́i]　　　형 destructive 파괴적인
　　　　　　◆ The house was destroyed by fire.
　　　　　　　집이 화재로 소실되었다.


378☐ **activity**　명 활동　형 active 활동적인, 적극적인(↔ passive)

[æktíviti]　　　명 action 행동　동 act 행동하다
　　　　　　◆ the activity of drawing　그림 그리는 활동 수능기출


379☐ **judge**　　동 판결(재판)하다　명 판사(재판관)

[dʒʌ́dʒ]　　　명 judg(e)ment 판결
　　　　　　◆ The court is judging the case.
　　　　　　　법정은 그 사건을 판결 중이다.


380☐ **donation**　명 기부(금), 기증　명 donor 기증자

[dounéiʃən]　　동 donate 기부(기증)하다(contribute)
　　　　　　◆ donate blood 헌혈하다


381☐ **utility**　　명 유익, 효용　동 utilize 이용하다

[ju:tíliti]　　　◆ of no utility 쓸모없는


79

382☐ **earn**
[əːrn]
동 (돈을)벌다, 얻다
명 earning 벌기, 획득 (pl)소득
◆ earn 20 dollars a day  하루에 20달러 벌다


383☐ **precious**
[préʃəs]
형 귀중한(valuable), 소중한
◆ the most precious possessions of mankind
인류의 가장 귀중한 소유물 `수능기출`


384☐ **sacred**
[séikrid]
형 신성한(holy), 종교적인(religious)
◆ sacred music  종교 음악


385☐ **exchange**
[ikstʃéindʒ]
명동 교환(하다)
◆ in exchange for ~과 교환으로
◆ exchange pounds for dollars
파운드를 달러로 환전하다


386☐ **pressure**
[préʃər]
명 압력, 압박  동 press 압박하다, 누르다
형 pressing 긴급한(urgent)
◆ Our increased workloads put too much  pressure
upon us. `수능기출`
늘어난 작업량이 우리에게 과도한 압박을 가한다.


387☐ **aim**
[eim]
명 목표, 목적(purpose)  동 겨누다, 목표로 삼다
◆ achieve ons's aim  목적을 달성하다

388☐ **typical** 웹 전형적인
[típikəl]
◆ a typical scholar  전형적인 학자

389☐ **industry** 명 산업, 근면  명 industrialization 산업화
[índəstri]  웹 industrial 산업의  웹 industrious 근면한
동 industrialize 산업화하다
◆ the tourist industry  관광 산업

390☐ **previous** 웹 앞의, 이전의  위 previously 미리
[prí:viəs]
◆ a previous engagement  선약

391☐ **access** 명동 접근(하다)  웹 accessible 접근하기 쉬운
[ǽkses]
◆ instant access to information 수능기출
정보에 대한 즉각적인 접근

392☐ **endure** 동 참다, 견디다(bear, tolerate)
[indjúər]  명 endurance 인내(력)
웹 endurable 참을 수 있는
◆ endure pain  고통을 참다

393☐ **clue** 명 단서, 실마리
[klu:]
◆ The fingerprints gave a clue that led to the
arrest of the culprit.
지문이 범인 체포의 단서가 되었다.

81

394☐ **sufficient** [형] 충분한(enough) (↔insufficient 불충분한)
[səfíʃənt]

395☐ **passive** [형] 수동적인, 소극적인(↔active 활동적인, 적극적인)
[pǽsiv]
◆ He played a **passive** role in the relationship.
그는 그 관계에서 수동적인 역할을 했다.

396☐ **narrow** [형] 좁은, 아슬아슬한
[nǽrou]
[부] narrowly 좁게, 가까스로
◆ a **narrow** alley 좁은 골목길
◆ a **narrow** victory 가까스로 얻은 승리

397☐ **belong** [동] ~ 에 속하다(to)
[bilɔ́(ː)ŋ]
[명] belongings 소유물, 재산(possession)
This watch **belongs to** me. 이 시계는 내 것이다.

398☐ **praise** [명][동] 칭찬(하다) (↔ scold 꾸짖다)
[preiz]
[형] praiseworthy 칭찬할 만한, 훌륭한
◆ **praise** a person for his honesty
남의 정직함을 칭찬하다

399☐ **breathe** [동] 숨쉬다(respire) [명] breath[breθ] 호흡
[briːð]
[형] breathless 숨가쁜
◆ **breathe** again 안도의 숨을 쉬다
◆ **breathe** out 숨을 내쉬다

Day 15

400☐ **apologize** 동 사과하다  명 apology 사과
[əpάlədʒàiz]
◆ a sincere apology 진실한 사과

401☐ **career** 명 경력, 직업(profession)
[kəríər]
◆ a career diplomat 직업 외교관

402☐ **meaningful** 형 의미 심장한
[mí:niŋfəl]
◆ building a meaningful and successful East−West
relationship 수능기출
의미있고 성공적인 동서양 관계를 구축하는 것

403☐ **feature** 명 특징, 용모, 얼굴  동 ~의 특징을 이루다
[fí:tʃər]
◆ an essential feature of a free nation 수능기출
자유국가의 본질적인 특징

404☐ **confine** 동 한정하다(limit), 가두다
[kənfáin]
명 [kάnfain] (pl) 경계, 범위
◆ on the confines of the city 시의 경계에서

405☐ **license** 명 면허(증), 인가(증)  형 licensed 허가(인가)를 받은
[láis(ə)ns]
◆ a driver's license 운전 면허증

83

406□ **alarm** [명] 경보, 놀람 [동] 놀라게 하다

[əlɑ́ːrm]

◆ a fire **alarm** 화재 경보

◆ be **alarmed** by an attack 공격에 놀라다

407□ **pleasant** [형] 유쾌한(delightful), 기분 좋은

[pléznt]

◆ a **pleasant** evening 즐거운 밤

408□ **irritate** [동] 화나게 하다, 짜증나게 하다 [명] irritation

[íritèit]

[형] irritative 짜증나게 하는

◆ For a long time, this **irritated** me a great deal. [수능기출]

오랫동안 이것은 나를 몹시 짜증나게 했다.

409□ **delight** [명] 기쁨, 즐거움(pleasure) [동] 기쁘게 하다(please)

[diláit]

[형] delightful 기쁜 [형] delighted 기뻐하는

◆ to one's great **delight** 매우 기쁘게도

410□ **replace** [동] ~을 대신(대체)하다 [명] replacement 대체, 교환

[ripléis]

◆ Will cyber schools **replace** traditional schools someday? [수능기출]

사이버 학교가 언젠가는 전통적인 학교를 대신하게 될까?

411□ **committee** [명] 위원회 [동] commit 위임하다, (죄를)범하다

[kəmíti]

◆ He was elected chairman of the **committee**.

그는 위원회의 의장으로 선출되었다.

412☐ **brilliant**
[bríljənt]

ⓗ 빛나는, 훌륭한
◆ a brilliant stars 빛나는 별들

413☐ **devote**
[divóut]

ⓓ 바치다, 헌신하다(dedicate)　ⓝ devotion 헌신
ⓗ devoted 헌신적인
◆ devote one's life to education 교육에 일생을 바치다

414☐ **recent**
[rí:snt]

ⓗ 최근의　ⓑ recently 최근에(lately)
◆ I recently renewed my driver's license.
　나는 최근에 운전 면허증을 갱신했다. 수능기출
◆ According to recent studies 수능기출
　최근 연구에 따르면

415☐ **transportation**
[trænspərtéiʃən]

ⓝ 운송(수송), 교통수단
ⓓ transport 운송(수송)하다(convey)
◆ No transportation is available to the village.
　그 마을로 가는 교통수단은 아무 것도 없다.

416☐ **whereas**
[(h)wɛ(:)ráez]

ⓟ 반면에
◆ She is slender, whereas her sister is fat.
　그녀는 호리호리한 반면, 그녀의 여동생은 뚱뚱하다.

417☐ **control**
[kəntróul]

ⓝⓓ 통제(하다), 관리(하다)
◆ birth control 산아 제한
◆ control tower 관제탑

85

418☐ **policy**
[púləsi]

몡 정책, 방침

◆ the present government's policy on education
교육에 대한 현 정부의 정책

419☐ **apparent**
[əpǽrənt]

휑 명백한(clear), 외관상의　튀 apparently명백히

◆ an apparent fact 명백한 사실

420☐ **preserve**
[prizə́ːrv]

됭 보존하다(conserve), 유지하다

몡 preservation 보존, 유지

휑 preservative 보존의, 예방의　몡 방부제

◆ efforts to preserve wild plants 〔수능기출〕
야생 식물을 보존하기 위한 노력들

421☐ **decent**
[díːsənt]

휑 품위 있는, 상당한

◆ a decent family 신분이 높은 집안

◆ a decent amount of money 상당한 액수의 돈

422☐ **numerous**
[njúːm(ə)rəs]

휑 매우 많은　몡휑 numeral 숫자, 수의

휑 numerable 셀 수 있는

◆ I have numerous things to do. 할 일이 엄청나게 많다.

423☐ **conscious**
[kánʃəs]

휑 의식적인, 알고 있는 (aware) (↔unconscious 무의식적인)

몡 consciousness 의식, 자각

◆ be conscious of ~을 의식(자각) 하고 있다

424☐ **flourish**
[flə́ːriʃ]

동 번창(번성)하다(thrive)
형 flourishing 번창하는, 무성한
◆ a flourishing business 번창하는 사업

425☐ **entertain**
[èntərtéin]

동 즐겁게 하다(amuse), 대접하다
명 entertainment 오락, 대접
명 entertainer 연예인
형 entertaining 재미있는, 즐거운
◆ to entertain customers 고객들을 즐겁게 하기 위해

426☐ **exact**
[igzǽkt]

형 정확한　부 exactly 정확히, 바로
◆ exactly at seven o'clock　7시 정각에

427☐ **submit**
[səbmít]

동 제출하다, 복종시키다(surrender)
명 submission 복종
형 submissive 복종하는
◆ submit a report 보고서를 제출하다

428☐ **population**
[pàpjuléiʃən]

명 인구, 주민
◆ an increase in population 인구 증가

429☐ **abuse**
[əbjúːz]

동 남용하다(misuse), 학대하다
명 [əbjúːs] 남용, 학대
◆ abuse rights 권리를 남용하다

# Check up (13th-15th day)

1) 다음 영어는 우리말로, 우리말은 영어로 쓰시오.(1-14)

1. precious
2. overcome
3. release
4. promise
5. attractive
6. accompany
7. sufficient

8. 위원회
9. 생물학
10. 맛
11. 실험
12. 산업
13. 경력
14. 정책

2) 다음 빈 칸에 알맞은 단어를 쓰시오.(15-24)

15. _____ paper                 재생지
16. a _____ of callers          방문객의 쇄도
17. an _____ ticket             입장권
18. a graduation _____          졸업식
19. a _____ of insurance        보험 계약
20. a _____ engagement          선약
21. a _____ alley               좁은 골목길
22. a driver's _____            운전 면허증
23. a _____ evening             즐거운 밤
24. birth _____                 산아 제한

정답 1.귀중한 2.극복하다 3.석방하다 4.약속하다 5.매력적인 6.동행하다 7.충분한
8.committee 9.biology 10.taste 11.experiment 12.industry 13.career 14.policy
15.recycled 16.flood 17.admission 18.ceremony 19.contract 20.previous
21.narrow 22.license 23.pleasant 24.control

**Day 16**

430 ☐ **capable** 웹 ~할 수 있는(↔incapable), 유능한(competent)
　　[kéipəbl] 　명 capacity 수용력, 능력
　　　　　　　　명 capability 능력
　　　　　　　　◆ be capable of ~ 할 수 있다 〔수능기출〕
　　　　　　　　◆ a capable teacher 유능한 교사

431 ☐ **prescription** 명 처방(전), 규정 　동 prescribe 처방하다, 규정하다
　　[priskrípʃən] 　◆ compound medical prescriptions 처방약을 조제하다

432 ☐ **capital** 명 수도, 대문자, 자본(금)
　　[kǽpitl] 　◆ fixed capital 고정 자본
　　　　　　　　◆ Cairo is the capital of Egypt. 카이로는 이집트의 수도이다.

433 ☐ **self-confidence** 명 자신(감)
　　[sélf-kɑ́nfidəns]

434 ☐ **pure** 웹 순수한, 깨끗한(↔ impure) 　동 purify 깨끗하게 하다
　　[pjúər] 　명 purity 순결
　　　　　　　　◆ pure gold 순금

435 ☐ **ecosystem** 명 생태계
　　[íːkəsìstəm] 　◆ equilibrium of ecosystem 생태계의 평형

89

436☐ **urge**
[əːrdʒ]

ⓓ 재촉하다, 주장하다
ⓗ urgent 긴급한
ⓜ urgency 긴급
◆ an urgent meeting 긴급 회의

437☐ **comfort**
[kʌ́mfərt]

ⓜ 위로(위안)하다, 편하게 하다　ⓜ 위로, 편안함
ⓗ comfortable 편안한(↔ uncomfortable)
◆ words of comfort 위로의 말

438☐ **stomach**
[stʌ́mək]

ⓜ 위, 복부(belly)
◆ A stomach is a digestive organ. 위는 소화 기관이다.

439☐ **drain**
[drein]

ⓓ 물이 빠지다, 고갈시키다(exhaust)
ⓜ 배수, (pl)하수시설
◆ The water drained through a small hole.
물이 작은 구멍으로부터 줄줄 흘러나왔다.

440☐ **absolute**
[ǽbsəlùːt]

ⓗ 절대적인(↔ relative 상대적인)
ⓦ absolutely 절대적으로, 전적으로(entirely)
◆ You are absolutely right. 네가 절대적으로 옳다.

441☐ **reform**
[rifɔ́ːrm]

ⓜⓓ 개혁(하다), 개정(하다)
ⓜ reformation 개혁, 개정
◆ reform a system 제도를 개혁하다

442☐ **violent**
[váiələnt]

형 폭력적인, 격렬한  명 violence 폭력, 격렬(함)
◆ violent movies 폭력(적인) 영화

443☐ **summit**
[sʌ́mit]

명 정상(top) (↔ bottom)
◆ summit conference 정상 회담
◆ The mountain is steepest at the summit. 수능기출
산은 정상에서 가장 가파르다.

444☐ **tropical**
[trɑ́pikəl]

형 열대(지방)의
◆ a tropical rain forest 열대우림

445☐ **sorrow**
[sɑ́rou]

명 슬픔(grief)  동 슬퍼하다  형 sorrowful 슬픈(sad)
◆ to one's sorrow 슬프게도

446☐ **monument**
[mɑ́njumənt]

명 기념비, 기념물  형 monumental 기념(비)의, 불후의
◆ a natural monument 천연 기념물

447☐ **prohibit**
[pro(u)híbit]

동 금지하다(forbid)  명 prohibition 금지(령)
◆ prohibit liquor−selling 주류 판매를 금지하다

448☐ **address**
[ədrés]

명 주소, 연설(speech)  동 연설하다
◆ a present address 현주소
◆ address the audience 청중에게 연설하다

91

449☐ **further** 🖣 더 멀리, 게다가
[fə́ːrðər] ◆ It's further than a mile from here.
여기서 1마일 이상 더 멀다.

450☐ **device** 🖲 고안, 장치 🖲 devise[diváiz] 고안(발명)하다
[diváis] ◆ a safety device 안전 장치

451☐ **translate** 🖲 번역하다, 해석하다 🖲 translation 번역, 해석
[trænsléit] ◆ translate French into English 프랑스어를 영어로 번역하다

452☐ **conception** 🖲 개념 🖲 concept 개념, 관념
[kənsépʃən] 🖲 conceive 마음에 품다, 생각하다
◆ an abstract concept 추상적 개념

453☐ **universe** 🖲 우주, 전세계 🖲 universal 우주의, 일반적인
[júːnivə̀rs] 🖣 universally 널리, 일반적으로
◆ explore the universe 우주를 탐험하다 수능기출

454☐ **trial** 🖲 시도(attempt), 시련, 재판 🖲 try 시도하다
[tráiəl] ◆ a criminal trial 형사 재판, trial and error 시행 착오

455☐ **frank** 🖲 솔직한
[fræŋk] ◆ a frank opinion 솔직한 의견

92

456☐ **consume**
[kənsúːm]
동 소비하다(↔ produce 생산하다)
명 consumption 소비
명 consumer 소비자
◆ electricity consumption 전기 소비 수능기출

457☐ **liable**
[láiəbl]
형 ~하기 쉬운, 책임(의무)이 있는
◆ be liable to catch cold 감기에 걸리기 쉽다
◆ be liable for damage 손해 배상의 책임이 있다

458☐ **genre**
[ʒɑ́ːnr(ə)]
명 종류, 장르, 풍속화
◆ a genre painting 풍속화

459☐ **dedicate**
[dédikèit]
동 헌신하다(devote), 바치다
명 dedication 헌신, 헌납
◆ dedicate oneself to ~에 몸을 바치다, 전념하다
◆ dedicate oneself to politics 일생을 정치에 바치다

460☐ **fee**
[fiː]
명 요금, (의사, 변호사 등에게 주는)사례, 수수료
◆ an admission fee 입장료
◆ a doctor's fee for a visit 왕진료

461☐ **flexible**
[fléksəbl]
형 융통성이 있는, 구부리기 쉬운(↔ inflexible 확고한)
명 flexibility 융통성
◆ a flexible system 융통성이 있는 제도

93

# Day 17

462□ **prey** [prei]

[명] 먹이, 희생(자)

◆ a **prey** to disease 병에 시달리는 사람

◆ Deer were its natural **prey.** [수능기출]
사슴은 본래 그것의 먹이였다.

463□ **swallow** [swálou]

[동] 삼키다 [명] 제비

◆ **swallow** the bait 미끼를 삼키다

464□ **enable** [inéibl]

[동] 가능하게 하다(to)

◆ **enable** A **to** B  A가 B할 수 있게 하다

◆ **enable** them **to** make good use of the wind [수능기출]
그것들이 바람을 잘 이용할 수 있게 하다

465□ **wrap** [ræp]

[동] 싸다, 포장하다

◆ Shall I **wrap** the gift? 선물을 포장할까요?

466□ **fare** [fɛər]

[명] (교통 수단의)요금, 운임

◆ a railroad **fare** 철도 운임

467□ **cancel** [kǽns(ə)l]

[동] 취소하다

◆ **cancel** permission 허가를 취소하다

468 □ tremendous [형] 엄청난, 무서운

[triméndəs]

◆ a tremendous amount of experience 엄청난 양의 경험

◆ a tremendous explosion 무시무시한 폭발

469 □ acute [형] 날카로운, 예리한

[əkjúːt]

◆ an acute sense of smell 예리한 후각

470 □ conceal [동] 감추다(hide)

[kənsíːl]

[명] concealment 은폐, 잠복

◆ be concealed by the tree 나무에 가려 보이지 않다

471 □ remark [동] 주의(주목)하다, 말하다 [명] 주목, 논평

[rimáːrk]

[형] remarkable 주목할 만한, 현저한

◆ your remarkable achievement in college [수능기출]
네가 대학에서 이룬 주목할 만한(탁월한) 성취

472 □ rare [형] 보기 드문, 진귀한

[rɛər]

[부] rarely 드물게, 좀처럼 ~않다(seldom)

◆ rare occasions 좀처럼 없는 기회

◆ He is rarely late. 그는 좀처럼 늦지 않는다.

473 □ route [명] 길, 통로

[ruːt]

◆ an overland route 육로

◆ on the route 도중(에)

474☐ **suit**
[suːt]

통 적합하다, 어울리다  명 한 벌, 소송(lawsuit)
형 suitable 알맞은
◆ a suit of cloths 옷 한 벌
◆ Do these shoes suit you fine?
이 신발은 너에게 잘 맞느냐?

475☐ **magnificent**
[mægnífisnt]

형 장엄한, 훌륭한  명 magnificence 웅대, 장엄
◆ a magnificent palace 웅대한 궁전

476☐ **poison**
[pɔ́izn]

명 독(약)
형 poisonous 독이 있는, 해로운
◆ kill oneself by poison 음독 자살 하다
◆ poison gas 독가스

477☐ **task**
[tæsk]

명 직무(duty), 일
◆ the home task 숙제
◆ do one's task 일을 하다

478☐ **imperative**
[impérətiv]

형 피할 수 없는, 명령적인, 긴급한(urgent)
◆ an imperative tone of voice 명령투로
◆ an imperative duty 피할 수 없는 의무

479☐ **symptom**
[símptəm]

명 증상, 징후
◆ flu symptoms 독감 증상

96

480☐ **conviction** 명 신념, 확신, 유죄 판결
[kənvíkʃən] 동 convict 유죄를 증명하다
◆ a man of strong conviction 신념이 강한 사람
◆ He was convicted for the murder.
그는 살인죄로 유죄 판결을 받았다.

481☐ **mental** 형 정신의(spiritual) (↔ physical 육체의)
[méntl] 부 mentally 정신적으로
◆ a mental hospital 정신 병원

482☐ **seed** 명 씨, 종자 동 씨를 뿌리다
[siːd] ◆ sow seeds in the ground 땅에 씨를 뿌리다

483☐ **gain** 동 얻다, (↔ lose 잃다) 증가하다 명 이익(금), 증가
[gein] ◆ gain weight 몸무게가 늘다 (↔ lose weight)

484☐ **companion** 명 친구, 동반자
[kəmpǽnjən] ◆ Even if suffering is our only companion, ~ 수능기출
비록 고통이 우리의 유일한 동반자 일지라도

485☐ **establish** 동 설립하다(found), 확립하다(↔ abolish 폐지하다)
[istǽbliʃ] 명 establishment 설립, 확립
형 established 확립된
◆ establish a high school 고등학교를 설립하다

97

486□ **value**
[vǽljuː]
- 명 가치
- 명 valuables 귀중품
- ◆ the value of time  시간의 가치 수능기출

487□ **witness**
[wítnis]
- 명 목격자, 증인, 증거  동 목격하다, 증언하다
- ◆ witness an accident 사고를 목격하다

488□ **carve**
[kɑːrv]
- 동 조각하다(inscribe)
- ◆ carve a name in marble 대리석에 이름을 새기다

489□ **delicate**
[délikit]
- 형 섬세한, 미묘한, 허약한
- ◆ a delicate difference 미묘한 차이

490□ **refresh**
[rifréʃ]
- 동 상쾌하게 하다, 새롭게 하다
- 명 refreshment 원기회복, (pl) 음식물, 다과
- 형 refreshing 상쾌한
- ◆ refreshing drinks 청량 음료

491□ **scholarship**  명 장학금  명 scholar 학자
[skάlərʃip]
- ◆ He is a scholarship student. 그는 장학생이다.

492□ **tiny**
[táini]
- 형 아주 작은
- ◆ a tiny little boy 아주 작은 아이(꼬마)

98

Day 18

493 ☐ **distance**
[dístəns]
- 몡 거리, 간격　형 distant 먼, 떨어진
- ◆ at a distance 좀 떨어져서

494 ☐ **agriculture**
[ǽgrikʌ̀ltʃər]
- 몡 농업(farming)　형 agricultural 농업의
- ◆ agricultural chemicals 농약

495 ☐ **favor**
[féivər]
- 몡 호의, 친절　형 favorable 호의적인, 유리한
- 형 몡 favorite 아주 좋아하는, 마음에 드는 사람
- ◆ in favor of ~에 찬성하여, ~을 위하여

496 ☐ **probably**
[prábəbli]
- 부 아마(perhaps)　형 probable 있음직한, 유망한
- 몡 probability 가망성
- ◆ It will probably rain. 아마 비가 올 것이다.

497 ☐ **grab**
[græb]
- 동 잡아채다, 횡령하다
- ◆ grab a purse 지갑을 낚아채다
- ◆ He grab me by the arm. 그는 나의 팔을 움켜쥐었다.

498 ☐ **shift**
[ʃift]
- 동 이동하다, ~을 변경하다　몡 이동, 교대
- ◆ shift from one place to another 장소로 이동하다
- ◆ work in three shift 3교대로 근무하다

499 □ **mistake** [mistéik]

[명] 실수, 잘못 [동] ~을 틀리다, 오해하다

[형] mistaken 잘못된

◆ make a mistake 실수하다

500 □ **adjust** [ədʒʌ́st]

[동] ~을 (~에)맞추다, 적응시키다(to), 조정하다

[명] adjustment 적응, 조정

◆ adjust things to a standard 물건을 표준(규격)에 맞추다

501 □ **observe** [əbzə́ːrv]

[동] 관찰하다, (규칙, 법 등을)준수하다

[명] observation 관찰

[명] observance 준수

[형] observant 관찰력이 날카로운, (규칙, 법 등을)엄수하는

◆ observe an eclipse 일식을 관측하다

◆ observe a rule 규칙을 준수하다

502 □ **retire** [ritáiər]

[동] 은퇴하다 [명] retirement 은퇴

[형] retired 은퇴한, 퇴직한

◆ We hope you enjoy your well-earned retirement. 우리는 귀하께서 열심히 일한 대가로 얻은 은퇴를 즐기시길 바랍니다. [수능기출]

503 □ **behalf** [bihǽf]

[명] 이익, 이로움

◆ on behalf of ~을 대표하여, ~을 위하여

◆ on behalf of all the executives [수능기출] 모든 중역들을 대표하여

504☐ **absorb** 동 흡수하다, 열중하다 명 absorption 흡수, 몰두

[æbsɔ́ːrb] ◆ be absorbed in ~ 에 몰두하다

505☐ **automobile** 명 자동차

[ɔ́ːtəməbìːl] ◆ the automobile industry 자동차 산업

506☐ **emergency** 명 위급 상황, 비상 사태

[imɔ́ːrdʒənsi] ◆ in an emergency 비상시에

507☐ **restrain** 동 억제하다, 구금하다(confine) 명 restraint 억제, 제한

[ristéin] ◆ restrain oneself (스스로를 억제하다) → 자제하다

508☐ **light** 명 빛 형 가벼운

[lait] 동 (light-lit / lighted-lit/lighted)

~에 불을 밝히다, 불을 붙이다

◆ The two table lamps lit. 수능기출

두 개의 테이블 램프는 불이 켜져 있었다.

509☐ **atmosphere** 명 분위기, 대기

[ǽtməsfìər] ◆ a homely atmosphere 가정적인 분위기

510☐ **fever** 명 열 형 feverish 열이 있는

[fíːvər] ◆ a high fever 고열

101

511□ **fitness** 몡건강, 적합(성) 혱 fit 적합한, 알맞은
[fítnis]
◆ physical movement and fitness 수능기출
신체 운동과 건강

512□ **climate** 몡 (어떤 지역의)기후
[kláimit]
◆ an influence of the climate 기후의 영향

513□ **humid** 혱 습기 찬(damp) 몡 humidity 습도, 습기
[hjú:mid]
◆ humid air 습한 공기

514□ **landscape** 몡 풍경(화), 경치(view)
[lǽndskèip]

515□ **survey** 몡 조사 동 [sə:rvéi] 조사하다
[sə́:vei]
◆ a market survey 시장 조사

516□ **shrink** 동 오그라들다, 줄다 몡 shrinkage 수축
[ʃriŋk]
◆ The shirt shrunk. 셔츠가 줄어들었다.

517□ **majority** 몡 대다수(↔ minority 소수)
[mədʒɔ́:riti]
혱 major 다수의, 주요한 몡 전공 동 전공하다(in)
◆ the vast majority of Americans 수능기출
대다수의 미국인들

518□ **awful**
[ɔ́ːfəl]
혱 무서운, 지독한  혱 awe-some 두려운, 무서운
몡 awe 경외
◆ an awful cold 지독한 감기

519□ **system**
[sístəm]
몡 조직, 체계, 제도  혱 systematic 조직적인
◆ the solar system 태양계

520□ **merciful**
[mɔ́ːrsifəl]
혱 자비로운, 인정 많은(↔ merciless 무자비한)
몡 mercy 자비, 연민(pity)
◆ at the mercy of ~에 좌우되어 , merciful death 안락사

521□ **habit**
[hǽbit]
몡 습관  혱 habitual 습관적인
◆ eating habits 식습관

522□ **shelter**
[ʃéltər]
몡 피난(처), 은신(처)  됭 피난하다, 보호하다
◆ a shelter from the rain 비를 피하는 곳

523□ **wrinkle**
[ríŋkl]
몡됭 주름(지게하다)
◆ a face wrinkled with age 나이 들어 주름진 얼굴

524□ **notorious**
[no(u)tɔ́ːriəs]
혱 악명 높은, (나쁜 뜻으로) 소문난
◆ be notorious for ~로 악명이 높다
◆ a notorious gambler 소문난 도박사

103

# *Check up* (16th~18th day)

**1) 다음 영어는 우리말로, 우리말은 영어로 쓰시오.**(1-14)

1. violent
2. entertain
3. comfort
4. absolute
5. dedicate
6. cancel
7. magnificent

8. 주소
9. 솔직한
10. 수도
11. 소비하다
12. 친구
13. 독
14. 농업

**2) 다음 빈 칸에 알맞은 단어를 쓰시오.**(15-24)

15. a _____ teacher　　　유능한 교사
16. an _____ meeting　　긴급 회의
17. _____ conference　　　정상 회담
18. a natural _____　　　천연 기념물
19. a railroad _____　　　철도 운임
20. _____ a high school　고등학교를 설립하다
21. an _____ sense of smell　예리한 후각
22. at a _____　　　조금 떨어져서
23. be _____ in　　~에 몰두하다
24. a homely _____　　가정적인 분위기

정답 1.폭력적인 2.즐겁게하다 3.위로하다 4.절대적인 5.헌신하다 6.취소하다 7.장엄한
8.address 9.frank 10.capital 11.consume 12.companion 13.poison 14.agriculture
15.capable 16.urgent 17.summit 18.monument 19.fare 20.establish 21.acute
22.distance 23.absorbed 24.atmosphere

104

525 □ **deprive** 동 빼앗다 명 deprivation 박탈 형 deprived 빈곤한
[dipráiv]
◆ deprive A of B A에게서 B를 빼앗다
◆ deprive a man of his property 남에게서 재산을 빼앗다

526 □ **traffic** 명형 교통(의)
[træfik]
◆ traffic signal 교통 신호

527 □ **above** 전 ~위에(on), ~을 초월하여, ~이상으로 부 ~위로,~이상
[əbʌ́v]
◆ above all 무엇보다도 먼저
◆ above the horizon 수평선 위에
◆ a man above sixty 60세가 넘는 사람

528 □ **organization** 명 조직, 단체, 기구 동 organize 조직하다
[ɔ̀ːrgənizéiʃən]
◆ the World Health Organization
세계 보건 기구(WHO)

529 □ **subtract** 동 빼다, 공제하다 명 subtraction 뺄셈, 공제
[səbtrǽkt]
◆ subtract 3 from 10 10에서 3을 빼다

530 □ **render** 동 주다, 갚다
[réndər]
◆ render good for evil 악을 선으로 갚다

105

531☐ **merit**
[mérit]

명 장점
◆ make a merit of ~을 자랑하다, 자만하다
◆ Courage and endurance are his merits.
용기와 인내가 그의 장점이다.

532☐ **spare**
[spɛər]

형 여분의, 예비의　동 아끼다, 할애하다
◆ a spare tire 예비 타이어

533☐ **indicate**
[índikèit]

동 가리키다(point to), 나타내다
명 indication 지시, 표시
명 indicator 지시하는 것(지표)
◆ The fact indicates that the problem is probably
ours. 수능기출
그 사실은 문제가 우리에게 있을 수도 있다는 것을 가리킨다.

534☐ **survive**
[sərváiv]

동 살아남다, ~보다 오래 살다　명 survival 생존
명 survivor 생존자
◆ His wife survived him a few years.
그의 아내는 그보다 몇 년 더 살았다.

535☐ **excel**
[iksél]

동 (남보다) 뛰어나다, 탁월하다
형 excellent 뛰어난, 훌륭한　명 excellence 우수, 우월
◆ I propose that our children focus on areas
in which they excel. 수능기출
나는 아이들에게 그들이 뛰어난 분야에 집중하라고 제안한다.

536 □ **hold**
[hould]
동 잡다, 유지하다, 개최하다
◆ hold a person by the neck 멱살을 잡다
◆ hold an argument 토론을 계속하다
◆ hold a meeting 집회를 개최하다

537 □ **native**
[néitiv]
형 타고난(inherent), 본국의, 원주민의
◆ a native speaker of English 영어를 모국어로 쓰는 사람

538 □ **surround**
[səráund]
동 둘러싸다   형 surrounding 주위의, 에워싸는
명 surroundings 환경
◆ Teens surround themselves with imaginary
audiences. 수능기출
십대들은 가상의 청중들에 의해 둘러싸여 있다.

539 □ **youth**
[ju:θ]
명 젊음, 젊은이
◆ the secret of eternal youth 불로 장생의 비결
◆ a promising youth 전도 유망한 청년

540 □ **elderly**
[éldərli]
형 나이가 지긋한
형명 elder 손위의, 선배(의), 연장자
◆ an elder brother, 형 the elderly 노인들 수능기출

541 □ **attempt**
[ətémpt]
명동 시도(하다)
◆ attempt to solve a problem 문제를 풀려고 시도하다

542 □ **revival**
[riváivəl]
- 명 부활, 소생  동 revive 부활하다
- ◆ The economy is beginning to revive
  경제가 다시 살아나기 시작한다.

543 □ **consequently**
[kánsikwəntli]
- 부 결과적으로  명 consequence 결과
- 형 consequent 결과로서 일어나는
- ◆ in consequence 그 결과

544 □ **refuse**
[rifjúz]
- 동 거절(거부)하다  명 refusal 거절, 우선권
- ◆ Successful people refuse to give up. 수능기출
  성공하는 사람들은 포기하기를 거부한다.
- ◆ give a flat refusal 딱 잘라 거절하다

545 □ **species**
[spíːʃi(ː)z]
- 명 종(種), 종류(sort)
- ◆ the human species 인류(mankind)
- ◆ the Origin of Species 종의 기원

546 □ **movement**
[múːvmənt]
- 명 운동  동 move 움직이다, 이사하다, 감동시키다
- ◆ the religious movement 종교 운동

547 □ **resist**
[rizíst]
- 동 저항(대항)하다  명 resistance 저항
- 형 resistant 저항하는
- ◆ The temptation was too strong to be resisted
  그 유혹은 도저히 이겨낼 수 없었다.

108

548☐ **journey**
[dʒə́:rni]

몡 여행(trip)

◆ make(or take) a journey 여행을 하다
◆ a journey around the world 세계 일주 여행


549☐ **casual**
[kǽʒuəl]

혱 우연한, 무심결의(careless)  몡 평상복

◆ a casual meeting 우연한 만남


550☐ **liberty**
[líbərti]

몡 자유  혱 liberal 자유주의의, 너그러운

◆ religious liberty 종교의 자유


551☐ **common**
[kámən]

혱 공통의, 일반의(ordinary)

◆ common sense 상식
◆ the most common mistake made by amateur
  photographers （수능기출）
  아마추어 사진 작가들이 저지르는 가장 흔한 실수


552☐ **vocabulary**
[voukǽbjulèri]

몡 어휘

◆ a tourist's minimum vocabulary
  여행자로서 최소한으로 필요한 어휘


553☐ **authority**
[əθɔ́:riti]

몡 권위, 권한, (보통pl) 당국
됭 authorize ~에게 권한을 주다, 인가(허가)하다

◆ by the authority of ~의 권한으로, ~의 허가를 얻어
◆ government authorities 정부 당국

**Day 20**

554☐ **diversity**
[daivə́:rsiti]

명 다양성(variety)
형 diverse 다양한(varied), 다른(different)
동 diversify 다양화하다
◆ diverse experiences 다양한 경험

555☐ **rude**
[ru:d]

형 무례한(impolite)
◆ Her rude manner annoyed me.
그녀의 무례한 태도가 나를 짜증나게 했다.

556☐ **moreover**
[mɔːróuvər]

부 더욱이, 게다가 (besides, furthermore)
◆ She is beautiful. Moreover, she is rich.
그녀는 아름답다. 게다가 부자이기도 하다.

557☐ **suspend**
[səspénd]

동 중지하다, 매달다   명 suspense 불안, 걱정
명 suspension 중단, 매달기
◆ suspend a lamp from the ceiling
등불을 천장에 매달다

558☐ **distinguish**
[distíŋgwiʃ]

동 구별(식별)하다   형 distinct 구별되는, 다른, 뚜렷한
명 distinction 구별
◆ distinguishing the original from the fake 수능기출
원작과 가짜를 구별하기

559 □ **extinguish** 동 끄다(put out), ~을 절멸시키다
[ikstíŋgwiʃ]   명 extinction 멸종
　　　　　　　형 extinct 멸종한
◆ extinguish a fire 화재를 진화하다
◆ be preserved in a museum like an extinct species
　멸종된 종처럼 박물관에 보존되다 〔수능기출〕

560 □ **suburb** 명 교외, 근교　형 suburban 교외의
[sʌ́bəːrb]   ◆ in the suburbs of Seoul 서울 교외에

561 □ **urban** 형 도시의(↔ rural 시골의)
[ə́ːrbən]   ◆ urban population 도시 인구

562 □ **succeed** 동 성공하다(in)　명 success 성공
[səksíːd]   형 successful 성공한
　　　　　　동 계승하다(to)　명 succession 연속, 계승
　　　　　　형 successive 연속하는, 계승하는
◆ succeed in business 사업에 성공하다
◆ He succeeded to his father's estate.
　그는 아버지 재산을 이어받았다.

563 □ **conclude** 동 결론짓다　명 conclusion 결론
[kənklúːd]   ◆ They concluded the plan to be the best.
　그들은 그 안이 최선이라고 결론지었다.
◆ in conclusion 끝으로, 마지막으로

564☐ **junk**
[dʒʌŋk]

몡 쓰레기, 잡동사니
◆ junk mail 요청하지 않았는데 받은 광고성
메일(spam mail)

565☐ **colony**
[kálǝni]

몡 식민지, 거류지 혱 colonial 식민지의
◆ Once India was a colony of England.
한 때 인도는 영국의 식민지였다.
◆ a colony of artists 예술인 마을

566☐ **despite**
[dispáit]

젠 ~에도 불구하고(in spite of)
◆ Despite the slow service, ~ 수능기출
느린 서비스에도 불구하고

567☐ **visual**
[víʒuǝl]

혱 시각의, 눈에 보이는 혱 visible 보이는, 뚜렷한
몡 vision 시력, 통찰력
◆ visual education 시각 교육

568☐ **dominate**
[dámineit]

동 통치(지배)하다 몡 domination 통치, 지배
혱 dominant 지배적인, 유력한
◆ be under the domination of ~의 지배하에 있다

569☐ **lower**
[lóuǝr]

동 낮추다, 내리다 혱 low 낮은
◆ Could you lower the price a little? 수능기출
가격을 조금 깎을 수 있나요?

112

570□ **fame**
[feim]

® 명성, 평판(reputation)

® famous 유명한(↔infamous 악명 높은)

◆ world—wide fame 세계적인 명성

571□ **barrier**
[bǽriər]

® 장벽, 장애물

◆ the language barrier 언어 장벽

572□ **remember**
[rimémbər]

® 기억하다, 생각해 내다(↔ forget 잊다)

◆ remember a name 이름을 생각해 내다

573□ **swear**
[swɛər]

® 맹세하다

◆ swear to God 신에게 맹세하다

574□ **complement**
[kámplimənt]

® 보완(물), 보충(물)   ® complementary 보충하는

® [kámpləmènt] 보완하다, 보충하다

◆ The team needs players who complement each other.
그 팀은 서로를 보완해 주는 선수들을 필요로 한다.

575□ **status**
[stéitəs]

® 지위(신분), 상황

◆ social status 사회적 지위, financial status 재정 상태

576□ **ambition**
[æmbíʃən]

® 대망, 야망

® ambitious 야심적인, 열망하는(eager)

◆ Boys, be ambitious! 소년들이여, 야망을 가져라!

577☐ **enhance**
[inhǽns]

동 향상시키다
◆ enhance safety 안전성을 향상시키다

578☐ **justice**
[dʒʌ́stis]

명 정의, 공정  형 just 올바른, 정당한
동 justify 정당화하다
◆ a sense of justice 정의감

579☐ **naughty**
[nɔ́ːti]

형 장난꾸러기인, 나쁜
◆ a naughty boy 장난꾸러기

580☐ **secure**
[sikjúər]

형 안전한(safe), 확실한  동 (안전하게)지키다, 보증하다
명 security 안전, 보증  부 securely 안전하게
◆ They were securely locked into their barns. 수능기출
그들은 외양간에 안전하게 가둬졌다.
◆ the right to secure private information 수능기출
사적인 정보를 지키는 권리

581☐ **expensive**
[ikspénsiv]

형 비싼(↔cheap)  명 expense 비용, 희생
◆ at the expense of ~을 희생하여

582☐ **order**
[ɔ́ːrdər]

명동 명령(하다), 주문(하다), 질서, 순서
◆ refuse orders 명령을 거부하다
◆ receive an order 주문을 받다
◆ in order to ~하기 위해

Day 21

583☐ **garbage**
[gáːrbidʒ]

몡 쓰레기(rubbish)
◆ clean up the garbage 쓰레기를 치우다 <수능기출>

584☐ **frame**
[freim]

몡 구조, 뼈대, 틀　동 짜 맞추다, 틀에 끼우다
몡 framework 구조, 뼈대
◆ a window frame 창틀
◆ frameless glasses 테 없는 안경

585☐ **alternative**
[ɔːltə́ːrnətiv]

몡휑 양자 택일(의), 대안(의)
동 alternate 교대하다
◆ alternative technology 대체 기술

586☐ **wipe**
[waip]

동 닦다
◆ wipe a dish 접시를 닦다

587☐ **perhaps**
[pərhǽps]

뷔 아마도(maybe, possibly)
◆ Perhaps he will not come. 그는 아마 오지 않을 것이다.

588☐ **durable**
[djúərəbl]

휑 오래 견디는, 튼튼한
◆ durable goods 내구성 소비재
◆ durable friendship 항구적인 우정

115

589☐ **solution**
[səlúːʃən]

명 해결, 용해  동 solve 해결하다

◆ Attempts to fine a solution have failed.
해결책을 찾으려는 시도는 실패했다.

590☐ **match**
[mætʃ]

명 경기, 경쟁상대, 성냥  동 어울리다, 필적하다

◆ strike a match 성냥을 켜다,  golf match 골프 경기
◆ He is no match for you. 그는 당신의 상대가 될 수 없다.

591☐ **beware**
[biwɛ́ər]

동 조심하다, 경계하다

◆ Beware of pickpockets! 소매치기 조심!

592☐ **scientific**
[sàiəntífik]

형 과학적인  명 science 과학  명 scientist 과학자

◆ natural science 자연 과학

593☐ **gratitude**
[grǽtitjùːd]

명 감사  형 grateful 감사하는

◆ express gratitude to a person
남에게 감사의 뜻을 나타내다

594☐ **toward**
[təwɔ́ːrd]

전 ~을 향하여

◆ walk toward the South 남쪽을 향해 걸어가다

595☐ **genetic**
[dʒinétik]

형 유전적인  명 gene 유전자  명 genetics 유전학

◆ genetic engineering 유전 공학

116

596□ **complete** 휑 완전한, 완성된(finished)  동 끝내다, 완료하다
[kəmplíːt]
◆ a complete victory 완승
◆ complete one's homework 숙제를 끝내다

597□ **firm** 휑 확고한, 굳은  명 회사(company)
[fəːrm]
◆ firm friendship 변함없는 우정
◆ your contribution to this firm 수능기출
이 회사에 대한 귀하의 공헌

598□ **oblige** 동 강요하다(compel), 고맙게 여기게 하다(be obliged ; 감사하다)
[əbláidʒ]
명 obligation 의무, 책임, 은혜
◆ Parents are obliged by law to send their children
to school.
부모는 법률에 따라 자식을 학교에 보내야 한다.

599□ **laboratory** 명 실험실(lab)
[lǽbərətɔ̀ːri]
◆ a chemical laboratory 화학 실험실

600□ **festival** 명 축제(일)  휑 festive 축제의
[féstivəl]
◆ a music festival 음악제

601□ **hygiene** 명 위생
[háidʒiːn]
휑 hygienic(-ical) 위생의
◆ public hygiene 공중 위생

602☐ **motivate**
[móutivèit]
동 동기를 부여하다  명 motive 동기
명 motivation 동기 부여
◆ the motive of a crime 범죄의 동기
◆ increase productivity through motivating employees
근로자들에게 동기를 부여함으로써 생산성을 향상시키다

603☐ **qualification**
[kwὰlifikéi∫ən]
명 자격, 면허(증)  동 qualify 자격을 주다
형 qualified 자격이 있는
◆ a medical qualification 의사 면허증

604☐ **interrupt**
[ìntərʌ́pt]
동 방해하다, 중단시키다  명 interruption 방해(물), 중단
◆ When you begin noticing yourself interrupting
others,~ [수능기출]
네가 다른 사람을 방해하고 있는 것을 알아차릴 때

605☐ **multiply**
[mʌ́ltiplài]
동 곱하다, 증가(번식)하다
명 multiplication 곱셈, 증식  형 multiple 다수의
◆ Germs multiply rapidly. 세균은 빨리 번식한다.

606☐ **progress**
[prɑ́gres]
명 진보, 진행  동 [prəgrés] 진보하다, 진행하다
형 progressive 전진하는, 진보적인
부 progressively 점진적으로
◆ Teaching Korean to foreigners has made steady
progress. [수능기출]
외국인들에 대한 한국어 교육은 꾸준히 진보해 왔다.

118

607☐ **dozen** 몡 열 둘
[dʌ́zn]
◆ dozens of people 수십 명의 사람들

608☐ **blood** 몡 혈액 동 bleed 출혈하다
[blʌd] 혱 bloody 피투성이의, 잔인한
◆ blood pressure 혈압
◆ Blood is thicker than water. 피는 물보다 진하다. 속담

609☐ **trust** 몡 신용(belief), 신뢰
[trʌst] 혱 trustworthy 신뢰할 수 있는, 믿을 수 있는(trusty)

610☐ **privilege** 몡동 특권(을 주다) 혱 privileged 특권이 있는
[prív(i)lidʒ] ◆ the privileged classes 특권 계급

611☐ **democracy** 몡 민주주의, 민주정치 혱 democratic 민주정치의
[dimάkrəsi] 동 democratize 민주화하다
◆ liberal democracy 자유 민주주의

612☐ **ensure** 동 확실하게 하다(make sure), 보증하다(guarantee)
[inʃúər] ◆ ensure the freedom of the press
출판의 자유를 보장하다

613☐ **rectangular** 혱 직사각형의, 직각의 몡 rectangle 직사각형
[rektǽŋgjulər]

# Check up (19th~21th day)

## 1) 다음 영어는 우리말로, 우리말은 영어로 쓰시오.(1-14)

1. surround
2. vocabulary
3. indicate
4. suspend
5. conclude
6. ambition
7. naughty

8. 조직
9. 장점
10. 여행
11. 자유
12. 식민지
13. 기억하다
14. 감사

## 2) 다음 빈 칸에 알맞은 단어를 쓰시오.(15-24)

15. _____ signal 　　　교통 신호
16. a _____ tire 　　　예비 타이어
17. an _____ brother 　형
18. the origin of _____ 　종의 기원
19. _____ sense 　　　상식
20. in the _____ of Seoul 서울 교외에
21. receive an _____ 　주문을 받다
22. frameless _____ 　테없는 안경
23. _____ of pickpockets! 소매치기 조심!
24. _____ hygiene 　　　공중위생

### Speed Test

| unable | 할 수 없는 | interview | 면접(하다) |
|--------|-----------|-----------|-----------|
| subtle | 미묘한(delicate) | regret | 후회하다 |
| rent | 집세, 임대(하다) | incur | 초래하다, 입다 |
| prudent | 신중한 | forget | 잊다 |
| proverb | 속담 | exhibit | 최신의 |
| misfortune | 불운 | elegant | 우아한, 멋진 |

정답 1.둘러싸다 2.어휘 3.가리키다 4.중지하다 5.결론짓다 6.야망 7.못된
8.organization 9.merit 10.journey 11.liberty 12.colony 13.remember 14.gratitude
15.traffic 16.spare 17.elder 18.species 19.common 20.suburbs 21.order
22.glasses 23.beware 24.public

120

614 □ **broadcast** 똉동 방송(하다)

[brɔ́:dkæst] ◆ a broadcasting station 방송국

615 □ **delicious** 형 맛있는

[dilíʃəs] ◆ delicious food 맛있는 음식

616 □ **square** 명 정방형, 제곱, 광장

[skwɛər] ◆ The square of 5 is 25. 5의 제곱은 25이다.

◆ Madison Square 매디슨 광장

617 □ **pray** 동 빌다(beg), 기도하다

[prei] 명 prayer[prɛər] 기도

◆ pray to God for help 신에게 구원을 빌다

618 □ **symbol** 명 상징, 기호

[símbəl] 명 symbolic 상징적인

동 symbolize 상징하다, 기호로 나타내다

◆ Prior to the Renaissance, objects in the paintings
were flat and symbolic. 수능기출
르네상스 이전에는 그림에 있는 물체들이 평평하고
상징적이었다.

◆ a chemical symbol 화학 기호

121

619□ **characteristic** [형] 특유의 [명] 특성

[kæ̀riktərístik] [명] character 특징, 성격, 인격, 문자

◆ the **characteristic** taste of honey 벌꿀 특유의 맛

◆ a Chinese **character** 한자

620□ **calculate** [동] 계산하다(compute) [명] calculation 계산

[kǽlkjulèit]

◆ **calculate** the speed of light 빛의 속도를 계산하다

◆ a **calculating** machine 계산기

621□ **reveal** [동] 드러내다, 누설하다(disclose) (↔ conceal 감추다)

[rivíːl] [명] revelation 폭로

◆ He **revealed** his ignorance.
그는 자신의 무지를 드러냈다.

◆ **reveal** a secret 비밀을 폭로하다

622□ **export** [동] 수출하다(↔ import 수입하다)

[ikspɔ́ːrt] [명] [ékspɔːrt] 수출(품)

◆ balance of imports and **exports** 수입과 수출의 균형

623□ **cost** [명] 가격(price), 비용, 희생(sacrifice)

[kɔːst] [동] (돈, 시간, 노력 따위가)들다, ~을 희생시키다

[형] costly 비싼

◆ **at all costs(at any cost)** 어떤 희생을 치르더라도, 꼭

◆ How much does it **cost** to buy a car?
자동차를 사는데 비용이 얼마나 드느냐?

624 □ **curious**
[kjú(:)riəs]
형 호기심이 강한
명 curiosity 호기심
◆ One way of satisfying this curiosity is through travel. 수능기출
이 호기심을 만족시키는 방법의 하나는 여행을 하는 것이다.

625 □ **therapy**
[θérəpi]
명 치료 요법
◆ radiotherapy 방사선 요법

626 □ **quick**
[kwik]
형 빠른, 민첩한 전 quickly 서둘러, 빨리
◆ Be quick! 서둘러라!

627 □ **entire**
[intáiər]
형 전체의(whole), 완전한
부 entirely 완전히, 전적으로
◆ The entire village was destroyed.
마을 전체가 파괴되었다.

628 □ **department**
[dipá:rtmənt]
명 과, 부(部), 부문
◆ the Department of Defense 국방부
◆ department store 백화점

629 □ **exhibit**
[igzíbit]
동 전시하다(display)
명 exhibition 전시(회), 박람회
◆ an art exhibition 미술 전시회

123

630☐ **citizen**
[sítizn]

명 시민  명 citizenship 시민권

◆ a Korean citizen 한국 시민


631☐ **repair**
[ripέər]

명동 수리(하다), 수선(하다)(mend)

명 repairman 수리공

◆ repair a road 도로를 보수하다


632☐ **range**
[reindʒ]

명 범위  동 ~(에)걸치다, 정리하다

◆ study a broad range of subjects 수능기출
폭넓은 범위의 교과를 공부하다


633☐ **classify**
[klǽsifài]

동 분류하다, 등급으로 나누다  명 classification 분류

◆ everyday misunderstandings which are classified as "folk" understandings 수능기출
평민들의 생각으로 분류되는 일상의 잘못된 생각들


634☐ **illustrate**
[íləstrèit]

동 설명(예증)하다, 삽화를 넣다

명 illustration 설명, 예증, 삽화

◆ an illustrated book 그림책


635☐ **doubt**
[daut]

명동 의심(하다)

형 doubtful 의심스러운(↔doubtless 확실히)

◆ I don't doubt of your success.
나는 너의 성공을 의심치 않는다.

636 ☐ **distract** 동 (마음, 주의)를 딴데로 돌리다
[distrǽkt] 형 distractive 혼란시키는(divert)
명 distraction 혼란, 방심
◆ distract from ~에서 벗어나다 수능기출

637 ☐ **demonstrate** 동 논증하다, 시위하다 명 demonstration 논증, 시위 운동
[démənstrèit] 형 demonstrative 노골적인, 명시하는
◆ demonstrate against a racial prejudice
인종 차별에 항의하여 데모를 하다

638 ☐ **acknowledge** 동 인정(승인)하다(admit) 명 acknowledgement 승인
[əknάlidʒ] ◆ He acknowledged that he was wrong.
그는 자기의 잘못을 인정했다.

639 ☐ **obstacle** 명 장애(물), 방해(물)
[άbstəkl] ◆ obstacle race 장애물 경기

640 ☐ **official** 형 공적인, 공식의 명 공무원, 임원
[əfíʃəl] 명 office 사무실
◆ official documents 공문서
◆ public officials 공무원

641 ☐ **stain** 동 더럽히다, 염색하다 명 얼룩, 점
[stein] ◆ a blood stain 핏자국

125

642☐ **pace**
[peis]
명 속도, 걸음
◆ at a pace of four miles an hour
시간 당 4마일의 속도로

643☐ **telescope**
[téliskòup]
명 망원경
◆ an astronomical telescope 천체 망원경

644☐ **executive**
[igzékjutiv]
명 간부(임원)  형 실행의, 행정의
동 execute 실행하다, 집행하다
명 execution 실행, 집행
◆ on behalf of all the executives 수능기출
모든 중역들을 대표하여
◆ execute one's plan 계획을 실행하다

645☐ **ideal**
[aidí(:)əl]
형 이상적인  명 이상  명 idealism 이상주의
명 idea 생각, 관념
형 idealistic 이상주의적인
◆ the ideal and the real 이상과 현실

646☐ **restore**
[ristɔ́:r]
동 회복시키다(recover)  명 restoration 회복
형 restorative 회복시키는
◆ restore one's health 건강을 회복하다

126

647☐ **remove**
[rimúːv]

[동] 제거하다(get rid of)
[명] removal 제거
◆ techniques of **removing** dirt 먼지를 제거하는 기술

648☐ **contain**
[kəntéin]

[동] 포함하다(include)
[명] container 용기, 그릇
◆ The box **contains** 30 apples.
그 상자에는 사과가 30개 들어 있다.

649☐ **possess**
[pəzés]

[동] 소유하다
[명] possession 소유(물)
[형] possessive 소유의, 소유욕이 강한
◆ the most precious **possessions** of mankind [수능기출]
인류의 가장 귀중한 소유물

650☐ **exclude**
[iksklúːd]

[동] 제외하다, 추방하다(expel) (↔include 포함하다)
[명] exclusion 제외, 추방
[형] exclusive 제외하는, 배타적인
[전] excluding ~을 제외하고
◆ get closer to them to **exclude** unwanted objects [수능기출]
원치 않는 사물들을 제외시키기 위해 더 가까이 다가가다

651☐ **hire**
[háiər]

[동] 고용하다(employ)
◆ **hire** a clerk 점원을 고용하다

652☐ **microscope** 	명 현미경
[máikrəskòup] 	◆ Stain the specimen before looking at it under the microscope.
현미경으로 보기 전에 검체를 염색하시오.

653☐ **propose** 	동 제안하다, 청혼하다
[prəpóuz] 	명 proposal 제안, 청혼
◆ He proposed changing the name of the company.
그는 회사 이름을 바꿀 것을 제안했다.
◆ I proposed to her. 그녀에게 청혼을 했다.

654☐ **counsel** 	명동 상담(하다), 조언(하다)(advice)
[káunsəl] 	명 counselor 상담원
◆ ask counsel 조언을 청하다

655☐ **practical** 	형 실제적인, 실용적인
[prǽktikəl] 	명동 practice 실행(하다), 연습(하다)
부 practically 실제로(really)
◆ practical affairs 실무
◆ a practical method 실용적인 방법

656☐ **examination** 	명 시험(exam), 검사
[igzæminéiʃən] 	동 examine 시험하다, 검사하다
명 examiner 시험관, 검사원
◆ an entrance exam 입학 시험

657☐ **keen**
[kiːn]

형 날카로운(sharp), 예리한(↔blunt 무딘)
◆ a keen edge of a razor 날카로운 면도날

658☐ **pledge**
[ple(ː)dʒ]

명 맹세, 담보  동 약속(맹세)하다
◆ pledge loyalty 충성을 맹세하다
◆ keep a watch as a pledge
　시계를 담보물로 맡아두다

659☐ **utmost**
[ʌ́tmòust]

형 최고의, 극도의(extreme)
◆ do one's utmost 최선을 다하다

660☐ **dumb**
[dʌm]

형 벙어리의, 말이 막힌
◆ He was dumb with astonishment.
　그는 놀라서 말이 나오지 않았다.
　cf. deaf 귀머거리의, blind 눈 먼

661☐ **tempt**
[tempt]

동 유혹하다
명 temptation 유혹
◆ The offer tempts me.
　그 제안에 마음이 끌린다.

662☐ **bow**
[bau]

동 머리를 숙이다, 인사하다  명 [bou] 활
◆ He stood up to bow his teacher.
　그는 선생님께 인사하기 위해 일어섰다.

663☐ **aloud** 　　 (부) 큰소리로(loudly), 소리를 내어

[əláud] 　　 ◆ read aloud 소리 내어 읽다


664☐ **manufacture** (동) 제조(생산)하다 　(명) 제조

[mæ̀njufǽktʃər] 　(명) manufacturer 제조업자

　　　　　　　　 ◆ manufacturing industry 제조업

　　　　　　　　 ◆ manufacture leather into shoes

　　　　　　　　 가죽으로 구두를 만들다


665☐ **overlook** 　　(동) 내려다 보다

[òuvərlúk] 　　(명) overlooker 감독(overseer)

　　　　　　　　 ◆ a house overlooking the ocean 바다가 내려다 보이는 집


666☐ **questionnaire** 　(명) 설문지

[kwèstʃənέər]


667☐ **abundant** 　　(형) 풍부한, 많은(plentiful)

[əbʌ́ndənt] 　　(명) abundance 풍부

　　　　　　　　 ◆ Here are wild flowers in abundance.

　　　　　　　　 여기에는 들꽃이 많다

　　　　　　　　 ◆ an abundant harvest 풍작


668☐ **statue** 　　(명) 조각상

[stǽtʃuː] 　　 ◆ the Statue of Liberty 자유의 여신상

130

669☐ **guard**
[gɑ:rd]

동 지키다, 조심하다  명 경호인, 수위

명 guardian 보호자, 관리인

◆ The dog guarded his sleeping master.
그 개는 잠든 주인을 지켰다.

670☐ **case**
[keis]

명 경우, 사건, 상황, 상자

◆ in any case 여하튼(anyhow)

◆ in case of ~의 경우에는

◆ a case of injustice 부정 사건

671☐ **patriotism**
[péitriətìzm]

명 애국심

명 patriot 애국자

형 patriotic 애국적인

◆ a wave of patriotism 애국심의 물결

◆ patriotic songs 애국가

672☐ **sow**
[sou]

동 (씨를)뿌리다

◆ sow a field with barley 밭에 보리씨를 뿌리다

673☐ **perfect**
[pə́:rfikt]

형 완전한, 완벽한(↔imperfect 불완전한)

부 perfectly완전히

◆ a perfect wife 완벽한 아내

674□ **cruel**
[krúːəl]
형 잔인한, 비참한  명 cruelty 잔인
◆ a cruel stepmother 잔인한 계모
◆ a cruelty of a war 전쟁의 비참함

675□ **fragile**
[frǽdʒil]
형 깨지기 쉬운, 허약한
◆ fragile china 깨지기 쉬운 도자기

676□ **launch**
[lɔːntʃ]
명 동 착수(하다), 발사(하다)
◆ launch a new enterprise 새로운 사업에 착수하다

677□ **dangerous**
[déindʒərəs]
형 위험한  명 danger 위험
동 endanger 위험에 빠뜨리다
◆ His life is in danger. 그의 생명이 위험하다.

678□ **account**
[əkáunt]
명 동 계산(하다), 설명(하다), 계좌
명 accountant 회계사
◆ account for ~을 설명하다(explain) 수능기출
◆ on account of ~ 때문에
◆ open an account (은행에) 계좌를 개설하다

679□ **contrast**
[kəntrǽst]
명 동 대조(하다), 대비(하다)
형 contrastive 대조적인
◆ by contrast with ~와 대조에 의해서
◆ contrast A with B  A와 B를 대조하다

680☐ **expand**    동 확장하다(extend), 팽창시키다
[ikspǽnd]    명 expansion 확장, 팽창(expanse)
   형 expansive 팽창의, 발전하는
- global markets that expand rapidly (수능기출)
  빠르게 팽창하는 국제시장
- territorial expansion 영토 확장

681☐ **temporary**    형 일시적인, 임시의
[témpərèri/-rəri]    - a temporary address 임시 주소

682☐ **comprehend**    동 이해하다, 포함하다    명 comprehension 이해(력)
[kàmprihénd]    형 comprehensive 이해력 있는, 포괄적인
- Reading comprehension involves ons's knowledge of the world. (수능기출)
  독해력은 세상에 대한 지식을 포함한다.

683☐ **brighten**    동 밝아지다, 빛나게 하다    형 bright 밝은, 영리한(clever)
[bráitn]    - His face brightened at the news.
  그 소식을 듣자 그의 얼굴은 환히 밝아졌다.
- a bright boy 영리한 소년

684☐ **enclose**    동 둘러싸다, 동봉하다(↔ disclose 드러내다)
[inklóuz]    명 enclosure 포위
- enclose a garden with a fence
  정원을 울타리로 둘러싸다

133

685☐ **prime** 웽 주요한, 제일의 명 전성기
[praim]
◆ the prime minister 국무총리

686☐ **rely** 동 믿다, 의지하다(on/upon) 웽 reliable 믿을 만한
[rilái]
◆ rely on = depend on= count on
◆ He can't be relied upon. 그는 믿을 수 없다.

687☐ **pour** 동 퍼붓다, 쏟다
[pɔ:r]
◆ I poured out my fancies and my dreams onto the paper. 수능기출
나는 나의 상상과 꿈을 그 종이 위에 쏟아 부었다.
◆ The rain poured down. 비가 억수같이 퍼부었다.

688☐ **pattern** 명 양식, 무늬, 모범
[pǽtərn]
◆ a car of a new pattern 신형 자동차
◆ patterned wallpaper 무늬가 있는 벽지

689☐ **craft** 명 항공기, 배, 솜씨, 공예
[kræft]
◆ arts and crafts 미술과 공예

690☐ **issue** 명 문제, 논쟁점, 발행 동 발행하다
[íʃuː]
◆ the issue of a newspaper 신문의 발행
◆ the first issue an infant faces right after birth
유아가 출생 직후 직면하는 첫 번째 문제 수능기출

134

691☐ **descendant** 몡 자손, 후손(↔ ancestor 선조)

[diséndənt] 통 descend 내려가다(↔ ascend 올라가다)

◆ a direct descendant  직계 자손

692☐ **suicide** 몡 자살

[sú:isàid] ◆ commit suicide 자살하다

693☐ **combine** 통 결합하다(join) 몡 combination 결합

[kəmbáin] ◆ combine two companies 두 회사를 합병하다

694☐ **appetite** 몡 식욕

[ǽpitàit] ◆ have a good appetite 식욕이 왕성하다

695☐ **beat** 통 때리다, 무찌르다

[bi:t] ◆ the rain beating the window 창문을 때리는 비

◆ You can't beat me at tennis.
테니스에서는 너는 나를 이길 수 없다.

696☐ **abrupt** 혱 갑작스러운(sudden)

[əbrʌ́pt] ◆ an abrupt change 갑작스러운 변화

697☐ **weigh** 통 무게를 달다 몡 weight 무게, 체중

[wei] ◆ weigh oneself 체중을 달다

# *Check up* (22th~24th day)

## 1) 다음 영어는 우리말로, 우리말은 영어로 쓰시오.(1~14)

1. examination
2. delicious
3. calculate
4. exhibit
5. acknowledge
6. counsel
7. dangerous

8. 방송
9. 상징
10. 수출하다
11. 시민
12. 범위
13. 식욕
14. 자손

## 2) 다음 빈 칸에 알맞은 단어를 쓰시오.(15~24)

15. the _____ minister     국무총리
16. _____ pressure     혈압
17. a chinese _____     한자
18. a _____ machine     계산기
19. _____ store     백화점
20. an astronomical _____     천체 망원경
21. _____ one's health     건강을 회복하다
22. _____ industry     제조업
23. _____ songs     애국가
24. on _____ of     ~때문에

정답 1.시험 2.맛있는 3.계산하다 4.전시하다 5.인정하다 6.상담하다 7.위험한
8.broadcast 9.symbol 10.export 11.citizen 12.range 13.appetite 14.descendant
15.prime 16.blood 17.character 18.calculating 19.department 20.telescope 21.restore
22.manufacturing 23.patriotic 24.account

698☐ **nationality** 몡 국적

[næ̀ʃənǽliti]
◆ an airplane of unknown nationality
국적 불명의 항공기


699☐ **fluently** 閉 유창하게 휑 fluent 유창한 몡 fluence 유창함

[flúːəntli]
◆ speak fluent English 유창하게 영어를 말하다


700☐ **misery** 몡 비참, 불행

[mízəri] 휑 miserable 비참한, 불행한
◆ live in misery 비참한 생활을 하다


701☐ **inspect** 동 검사하다, 시찰하다 몡 inspection 검사, 시찰

[inspékt] 몡 inspector 검사관
◆ a close inspection 엄밀한 검사


702☐ **trivial** 휑 하찮은, 시시한

[tríviəl]
◆ a trivial expenses 사소한 경비


703☐ **sink** 동 가라앉다, 침몰하다 몡 싱크대, 하수통

[siŋk]
◆ The sun was sinking in the west.
해는 서쪽으로 넘어가고 있었다.

137

704□ **decorate** [동] 장식하다 [명] decoration 장식(품)
[dékərèit] [형] decorative 장식의
◆ show off their creatively **decorated** bicycles
창의적으로 꾸며진 자기들의 자전거를 자랑하다 [수능기출]

705□ **skill** [명] 솜씨, 숙련 [형] skil(l)ful 숙련된
[skil]
◆ a man of **skill** 숙련자
◆ He has no **skill** in diplomacy.
그는 외교적 수완이 없다.

706□ **prominent** [형] 눈에 띄는, 현저한(outstanding), 저명한
[prάminənt]
◆ a **prominent** businessman 저명한 사업가

707□ **generate** [동] 발생시키다
[dʒénərèit] [명] generation 세대, 발생
◆ **generation** gap 세대 차이
◆ In order to **generate** enough electricity [수능기출]
충분한 전기를 발생시키기 위해

708□ **dispose** [동] 처리하다, ~을 배치하다
[dispóuz] [명] disposal 처리, 배치
[명] disposition 기질, 처리
◆ **dispose** troops 부대를 배치하다
◆ God **disposes** all things according to his will.
신은 스스로의 의사로 모든 일을 처리한다.

709□ **obscure**
[əbskjúər]
혱 애매한(ambiguous), 희미한(faint)
몡 obscurity 애매
◆ obscure explanation 애매한 설명

710□ **fatal**
[féitl]
혱 치명적인, 운명의 몡 fate 운명
◆ a fatal wound 치명상

711□ **horrible**
[hɔ́:rəbl]
혱 무서운(terrible) 몡 horror 공포
◆ a horrible scene 무서운 광경

712□ **engage**
[ingéidʒ]
동 약속하다, 종사하다(참여하다)
몡 engagement 약혼, 약속, 고용
◆ engage oneself to ~을 약속하다, ~와 약혼하다
◆ the active engagement of the entire body 수능기출
몸 전체의 능동적인 참여
◆ engage in many types of complex activities 수능기출
많은 형태의 복잡한 활동에 참여하다

713□ **rapid**
[rǽpid]
혱 빠른 훹 rapidly 빨리
◆ rapid growth 급속한 성장

714□ **stumble**
[stʌ́mbl]
동 비틀거리다, 실수하다
◆ The old man stumbled along.
노인은 비틀거리며 걸어갔다.

715☐ **operate**
[ápərèit]

동 작동하다, 수술하다

명 operation 작동, 수술

◆ operate on a patient for a tumor
환자의 종양을 수술하다

◆ This machine operates night and day.
이 기계는 주야로 작동한다.

716☐ **presentation**
[prèz(ə)ntéiʃən]

명 발표, 상연(상영), 증정(품)

◆ The film is ready for presentation 수능기출
영화가 상영될 준비가 되다.

◆ the ceremony of the presentation of ~의 증정식

717☐ **feed**
[fi:d]

동 먹이다, 먹다

◆ be fed up with ~에 싫증나다

◆ The horse is feeding in the pasture.
말이 목장에서 풀을 먹고 있다.

718☐ **simultaneous**
[sàim(ə)ltéiniəs]

형 동시에 일어나는(at the same time)

부 simultaneously 동시에

◆ simultaneous interpretation 동시 통역

719☐ **regard**
[rigá:rd]

동 간주하다(as)  명 (pl)안부의 말

◆ regard A as B   A를 B로 간주하다

◆ Give my best regards to your mother.
어머니께 안부 말씀 전해주세요.

140

720 □ **arrive** [동] 도착하다(↔ depart 출발하다)

[əráiv] [명] arrival 도착(↔departure 출발)

◆ He arrived after dark. 그는 어두워진 뒤에 도착했다.

721 □ **perspective** [명] 원근법, 전망, 시각(견지)

[pərspéktiv] ◆ see the issue from a different perspective

다른 시각에서 그 문제를 보다

◆ portray the essential form of objects in perspective [수능기출]

물체들의 본질적인 형태를 원근법으로 그리다

722 □ **superstition** [명] 미신 [형] superstitious 미신적인

[sù:pərstíʃən] ◆ According to ancient superstition, moles reveal a person's character. [수능기출]

고대의 미신에 따르면 점은 사람의 성격을 드러낸다.

723 □ **finish** [동] ~을 끝내다(complete)

[fíniʃ] ◆ finish writing a letter 편지를 다 쓰다

724 □ **attack** [명][동] 공격(하다)(↔defend 방어하다)

[ətǽk] ◆ attack an enemy 적을 공격하다

725 □ **revise** [동] 개정하다 [명] revision 개정

[riváiz] ◆ a revised edition 개정판

# Day 26

726□ **risk** [risk]

[명] 위험(danger) [동] 위태롭게 하다

◆ Smoking can increase the **risk** of developing heart disease.
흡연은 심장 질환의 발병 위험을 증가시킬 수 있다.

◆ **at any risk = at all risks** 어떤 위험을 무릅쓰고라도

727□ **departure** [dipɑ́:rtʃər]

[명] 출발 (↔arrival 도착) [동] depart 출발하다

◆ just before **departure** 출발 직전에

728□ **appeal** [əpí:l]

[동] 호소하다, 간청하다(to) [명] 호소, 매력

◆ **appeal to** public opinion 여론에 호소하다

◆ lose some of its **appeal** [수능기출]
매력의 일부를 상실하다

729□ **constant** [kɑ́nstənt]

[형] 끊임없는(continuous), 불변의

[부] constantly 끊임없이

◆ Nature seems to be **constantly** changing. [수능기출]
자연은 끊임없이 변화하는 듯하다.

730□ **pile** [pail]

[명] 더미 [동] 쌓다, 쌓아 올리다

◆ She **piled** the boxes one on top of the other.
그녀는 상자들을 쌓아 올렸다.

731 □ **sweep**
[swiːp]
동 (sweep-swept-swept) 청소하다, 쓸다
◆ sweep a room clean 방을 깨끗이 청소하다

732 □ **evaluate**
[ivǽljuèit]
동 평가하다　명 evaluation 평가
◆ evaluate a person by appearance
사람을 외모로 평가하다

733 □ **stubborn**
[stʌ́bərn]
형 고집 센, 완고한
◆ a stubborn child 고집 센 아이

734 □ **senior**
[síːnjər]
형 손위의, 연상의(↔ junior)
명 연장자, 선배, 대학 4학년생
◆ a senior officer 선임 장교
◆ senior citizen 노인 （수능기출）

735 □ **insect**
[ínsekt]
명 곤충, 벌레
◆ be bitten by insect 벌레에 물리다
◆ bits of dead insects 죽은 곤충들 부스러기 （수능기출）

736 □ **primary**
[práiməri]
형 주요한(chief), 첫째의
◆ the primary school 초등학교
◆ one of the primary characteristics of Renaissance art （수능기출）
르네상스 예술의 주된 특징 중 하나

737☐ **rid** 图 제거하다
[rid] ◆ get rid of ~을 제거하다

738☐ **suspect** 图 의심하다 圆 [sʌ́spekt] 용의자
[səspékt] 圈 **suspicious** 의심스러운 圈 **suspicion** 의심
◆ a **suspicious** glance 의심하는 눈초리
◆ I **suspected** her motives in offering to help.
나는 그녀가 도움을 제공한 동기를 의심했다.

739☐ **finally** 图 마침내, 최종적으로 (at last)
[fáinəli] ◆ **Finally** justice triumphed. 드디어 정의가 승리했다.

740☐ **continent** 圆 대륙 圈 **continental** 대륙의
[kántinənt] ◆ throughout the **continent** 대륙 전체에서 수능기출

741☐ **facility** 圆(보통pl) 시설, 기관
[fəsíləti] ◆ educational **facilities** 교육 시설

742☐ **nutrition** 圆 영양(소) 圈 **nutritious** 영양분이 있는
[njuːtríʃən]

743☐ **plot** 圆 음모, 줄거리
[plɑt] ◆ a **plot** against the government 반정부 음모

144

744☐ **search** 동 찾다, 수색하다(for)  명 수색, 탐구
[sə:rtʃ]
◆ in search of ~을 찾아서
◆ Police searched the area for clues.
경찰은 단서를 찾기 위해 현장을 수색했다.

745☐ **frighten** 동 깜짝 놀라게 하다, 두렵게 하다
[fráitn]
명 fright 놀람, 공포(fear)  형 frightful 무서운
형 frightened 깜짝 놀란, 겁이 난
◆ be frightened by a shadow 그림자에 놀라다

746☐ **supplement** 동 보충하다  명 [sʌ́plimənt] 부록, 보충(물)
[sʌ́plimènt]
◆ a supplement to the magazine 잡지의 부록

747☐ **invade** 동 침입(침략)하다  명 invasion  명 invader 침입(침략)자
[invéid]
◆ invade a neighboring country 이웃 나라를 침략하다

748☐ **wisdom** 명 지혜  형 wise 현명한
[wízdəm]
◆ the wisdom of adopting a new method
새 방법을 채택하는 지혜

749☐ **shadow** 명 그림자  동 그늘지게 하다, 어둡게 하다(darken)
[ʃǽdou]
◆ Shadows crept across the room. 수능기출
그림자가 방을 가로질러 기어왔다.
◆ follow like a shadow 그림자처럼 쫓아다니다

145

750☐ **justify** 통 정당화하다 명 justification 정당화

[dʒʌ́stifài] ◆ in justification of ~을 정당화하기 위하여

◆ The end justifies the means.
목적은 수단을 정당화한다. 속담

751☐ **orientation** 명 방위, (신입에 대한)지도

[ɔ̀ːrientéiʃən]

752☐ **slip** 통 미끄러지다

[slip] ◆ She slipped and fell in the bathroom. 수능기출
그녀는 욕실에서 미끄러져 넘어졌다.

◆ He slipped into the room. 그는 살짝 방안으로 들어갔다.

753☐ **infant** 명형 유아(의)

[ínfənt] 명 infancy 유년 시대(babyhood), 초기

◆ an infant industry 초기 산업

◆ the infant mortality rate 유아 사망률

754☐ **edge** 명 가장자리, 모서리

[edʒ] ◆ the edge of a lake 호수가

755☐ **inquire** 통 묻다(about), 조사하다(into)

[inkwáiər] 명 inquiry 질문, 조사

◆ I called the station to inquire about train times.
기차 시간을 물어보기 위해 역에 전화를 했다.

756 □ **command** 명동 명령(하다), 지배(하다)
[kəmǽnd]
◆ She commanded the release of the prisoners.
그녀는 죄수들의 석방을 명령했다.

757 □ **nap** 명동 낮잠(을 자다)
[næp]
◆ take(have) a nap 낮잠을 자다

758 □ **abolish** 동 폐지하다 (↔ establish 설립하다) 명 abolition 폐지
[əbɑ́liʃ]
◆ abolish slavery 노예 제도를 폐지하다

759 □ **subscribe** 동 서명하다, 기부하다, 구독하다 명 subscription 서명, 기부
[səbskráib]
◆ subscribe a contract 계약서에 서명하다
◆ subscribe to a magazine 잡지를 구독하다

760 □ **vice** 명 악덕, 결함
[vais]
◆ virtue and vice 미덕과 악덕
cf) vice-president 부회장, 부통령

761 □ **particular** 형 특별한, 특정한
[pərtíkjulər]
부 particularly 특히(in particular)
◆ You played particularly well, scoring two goals. 수능기출
당신이 특히 잘 했어요. 두 골을 기록하셨잖아요.

762☐ **brief**
[bri:f]
형 간결한(concise)
◆ in brief 간단히 말하면, 요는(to be brief = in short)
◆ a brief account 간단한 설명

763☐ **appliance**
[əpláiəns]
명 기구, 설비
◆ kitchen appliances 주방 기구

764☐ **undergo**
[ʌndərgóu]
동 ~을 받다, 경험하다
◆ undergo an operation 수술을 받다

765☐ **century**
[séntʃuri]
명 1세기
◆ half a century ago 50년 전

766☐ **sore**
[sɔ:r]
형 아픈(painful), 쓰라린
◆ My throat's sore. 목이 아프다. 수능기출

767☐ **stretch**
[stretʃ]
동 뻗다, 늘이다
◆ stretch out 뻗다 , stretch oneself 기지개를 켜다

768☐ **abstract**
[ǽbstrækt]
형 추상적인 (↔ concrete 구체적인)
◆ abstract idea 추상적 관념
◆ an abstract painting 추상화

769 □ **skeptical** [형] 회의적인(doubtful)

[sképtikəl]

770 □ **era** [명] 시대, 연대

[í:rə]

◆ the space era 우주 시대

771 □ **bliss** [명] 더 없는 행복 [동] bless 축복하다

[blis]

[형] blissful 더 없이 행복한

◆ I'm truely blessed. 나는 정말 축복받았다. [수능기출]

772 □ **subconscious** [형] 잠재 의식의

[sʌ̀bkɑ́nʃəs]

◆ They also include subconscious thoughts. [수능기출]
그것들은 잠재 의식적인 생각들도 포함한다.

773 □ **wealth** [명] 부, 재산 [형] wealthy 부유한

[welθ]

◆ a wealthy person 재산가

774 □ **portion** [명] 부분(part), 몫 [동] 나누다(divide)

[pɔ́:rʃən]

◆ eat two portions 2 인분을 먹다

◆ a portion of 약간의

775 □ **trend** [명] 경향, 추세

[trend]

◆ an article about next year's fashion trends [수능기출]
내년 패션 경향에 대한 기사

776☐ **overwhelm**   동 압도하다   형 overwhelming 압도적인
[òuvərhwélm]   ◆ an overwhelming victory 압도적인 승리

777☐ **nod**   동 끄덕이다
[nɑd]   ◆ He nodded to show his understanding.
그는 알았다고 고개를 끄덕였다.

778☐ **steal**   동 (steal-stole-stolen)훔치다
[sti:l]   ◆ My wallet was stolen. 내 지갑을 도둑맞았다.
◆ steal money from a safe 금고에서 돈을 훔치다

779☐ **elegant**   형 우아한, 품위 있는   명 elegance 우아함
[éləgənt]   ◆ an elegant dress 우아한 드레스

780☐ **secretary**   명 비서
[sékrətèri]   ◆ a private secretary 개인 비서

781☐ **selfish**   형 이기적인   명 self 자기 자신
[sélfiʃ]   ◆ a selfish act 이기적인 행동

782☐ **voyage**   명 항해
[vɔ́idʒ]   ◆ a voyage to Europe 유럽으로의 항해

783□ **veil**
[veil]

명 베일, 면사포  동 감추다

◆ partly veiling the lower features of the
landscape 수능기출
보다 낮은 곳에 있는 풍경의 지형을 부분적으로 감추면서

784□ **density**
[dénsiti]

명 밀도  형 dense  밀집한, 짙은

◆ a dense forest 밀림
◆ the density of the data  정보의 밀도 수능기출

785□ **confront**
[kənfrʌ́nt]

동 직면하다

◆ Some wild animals confront an uncertain
future. 수능기출
몇몇 야생 동물들은 불확실한 미래에 직면하고 있다.

786□ **weaken**
[wíːk(ə)n]

동 약화시키다 (↔ strengthen 강화시키다)

형 weak 허약한  명 weakness 허약

◆ She is weakening day by day.
그녀는 나날이 약해져 간다.

787□ **interact**
[ìntərǽkt]

동 상호 작용하다  명 interaction 상호 작용

형 interactive 상호 작용하는

788□ **worship**
[wə́ːrʃip]

명동 숭배(하다), 예배(하다)

◆ the worship of idols 우상 숭배

# *Check up* (25th~27th day)

## 1) 다음 영어는 우리말로, 우리말은 영어로 쓰시오.(1-14)

1. trivial
2. decorate
3. horrible
4. constant
5. primary
6. inquire
7. trend

8. 국적
9. 공격
10. 출발
11. 곤충
12. 대륙
13. 지혜
14. 추상적인

## 2) 다음 빈 칸에 알맞은 단어를 쓰시오.(15-24)

15. _____ gap     세대 차이
16. a _____ wound     치명상
17. a _____ child     고집이 센 아이
18. education _____     교육 시설
19. a _____ to the magazine     잡지의 부록
20. the _____ of a lake     호수가
21. kitchen _____     주방 기구
22. eat two _____     2인분을 먹다
23. a private _____     개인 비서
24. _____ oneself     기지개를 켜다

### *Speed Test*

| | | | |
|---|---|---|---|
| prey | 먹이, 잡아먹다 | fare | 요금 |
| refuse | 거절(거부)하다 | rehearsal | 예행연습, 리허설 |
| overeat | 과식하다 | purchase | 구입하다(buy) |
| disappointed | 실망한 | intercourse | 교제 |
| rainy | 비오는 | forefather | 조상(ancestor) |
| lawyer | 변호사 | attempt | 시도(하다)(try) |

정답  1.하찮은 2.장식하다 3.무서운 4.끊임없는 5.주요한 6.묻다 7.경향
8.nationality 9.attack 10.departure 11.insect 12.continent 13.wisdom 14.abstract
15.generation 16.fatal 17.stubborn 18.facilities 19.supplement 20.edge
21.appliances 22.portions 23.secretary 24.stretch

789☐ **burden**
　　[bə́:rdn]
　　명 무거운 짐, 부담　동 짐을 지우다, 부담을 주다
　　형 burdensome 괴로운, 성가신(troublesome)
　　◆ a financial burden 재정 부담
　　◆ a burden of responsibility 책임이라는 무거운 짐

790☐ **own**
　　[oun]
　　형 자기 자신의　동 소유하다
　　◆ Who owns this land? 이 땅은 누구의 소유인가?
　　◆ Mind your own business. 네 일이나 신경써.

791☐ **court**
　　[kɔːrt]
　　명 법정, 코트, 안마당
　　◆ In courts of law, photographs often had more
　　value than words. 수능기출
　　법정에서는 종종 사진이 말보다 훨씬 가치가 있었다.

792☐ **crucial**
　　[krúːʃəl]
　　형 중대한, 결정적인(decisive)
　　◆ the crucial moment 결정적인 순간
　　◆ What happens in the vineyard is crucial 수능기출
　　포도밭에서 일어나는 일이 중요하다.

793☐ **political**
　　[pəlítikəl]
　　형 정치적인　명 politics 정치(학)
　　명 politician 정치가
　　◆ a political campaign 선거 운동

794□ **basic**
[béisik]

혱 기초적인, 근본적인  몡 basis기초, 토대(base)

㔰 basically 기본적으로

◆ on the basis of ~을 기초로 하여

◆ on the basis of the consultant's advice 수능기출
컨설턴트의 조언을 기초로 하여

795□ **relative**
[rélətiv]

몡 친척  혱 상대적인

◆ The healer calls the victim's relatives to watch a ceremony. 수능기출
치료자는 그 희생자의 친척들을 불러 어떤 의식을 보도록 한다.

◆ Beauty is relative. 미는 상대적인 것이다.

796□ **domain**
[douméin]

몡 영토  통 dominate 지배하다

혱 dominant 지배적인, 우세한

797□ **labor**
[léibər]

몡통 노동(하다), 일(하다)

◆ bring work home and labor over it until bedtime
집에 일거리를 가져와 잠들기 전까지 열심히 일하다 수능기출

798□ **chore**
[tʃɔːr]

몡 허드렛일, 잡일

◆ household chores 집안일

799□ **scent**
[sent]

몡 냄새, 향기  통 냄새를 맡다

◆ the scent of roses 장미 향기

154

800☐ **region** 똉 지방, 지역(district)

[ríːdʒən] 혱 regional 지방의

◆ sensitivity to regional and individual differences
지역적, 개인적 차이점들에 대한 감수성 〔수능기출〕


801☐ **profit** 똉 이익, 이윤

[práfit] 혱 profitable 유익한, 이익이 많은

◆ profit and loss 손익


802☐ **hostility** 똉 적의, 적개심 (pl)전쟁

[hɑstíliti] 혱 hostile 적의가 있는

◆ a hostile army 적군

◆ the Korean hostilities 한국 전쟁


803☐ **deliver** 똥 배달하다, 연설하다, 분만하다

[dilívər] 똉 delivery 배달

◆ deliver a speech 연설하다

◆ She delivered a healthy girl.
그녀는 건강한 여자 아이를 낳았다.


804☐ **frequently** 뿓 자주

[fríːkwəntli] 똉 frequency 빈도

혱 frequent 자주 일어나는, 상습적인

◆ They change jobs very frequently. 〔수능기출〕
그들은 일자리를 매우 자주 바꾼다.

155

805☐ **bribe** 　명 뇌물 　동 뇌물을 주다
[braib] 　◆ take a bribe 뇌물을 받다

806☐ **hell** 　명 지옥 (↔heaven 천국)
[hel] 　◆ a traffic hell 교통 지옥

807☐ **navigate** 　동 항해하다, 비행하다
[nǽvigèit] 　명 navigation 행해(술), 항공(술)
　명 navigator 조종사, 항해사
　◆ the navigation of the globe 세계 일주 항해

808☐ **slight** 　형 약간의, 적은
[slait] 　◆ a slight difference 사소한 차이
　◆ a slight meal 가벼운 식사

809☐ **particle** 　명 작은 조각, 미립자
[pάːrtikl] 　◆ a particle of dust 미세 먼지

810☐ **instructive** 　형 교훈적인, 교육적인
[instrʌ́ktiv] 　동 instruct 지시하다, 가르치다
　명 instruction 교육, (pl) 지시, (사용)설명서
　◆ The book is interesting and instructive
　그 책은 재미있고 교훈적이다.
　◆ follow a person's instructions 남의 지시에 따르다

811 □ **grant** 동 주다, (부탁 등을)들어주다, 허락하다
[grænt]
◆ take ~ for granted ~을 당연하게 여기다 수능기출
◆ All your wishes are granted 수능기출
너의 모든 소원을 들어주었다.


812 □ **factor** 명 요소, 요인(element)
[fǽktər]
◆ the three factors for production 생산의 3대 요소


813 □ **regardless** 형 무관심한, 부주의한
[rigá:rdlis]
◆ regardless of ~에 상관없이
◆ regardless of the wind speed 수능기출
바람의 속도에 상관없이


814 □ **widespread** 형 널리 퍼진
[wàidspréd]
◆ become widespread 널리 보급되다


815 □ **disclose** 동 드러내다, 폭로하다
[disklóuz]
◆ disclose the secret 비밀을 털어놓다


816 □ **prior** 형 전의, 우선하는
[práiər]
명 priority 우선권
◆ You need to get your priorities straight. 수능기출
우선 순위를 제대로 둘 필요가 있다.
◆ prior to ~의 앞에, 전에

# Day 29

817□ **evil** [형] 사악한, 나쁜(bad) [명] 악
[íːv(ə)l]
◆ return evil for good 은혜를 원수로 갚다

818□ **deliberately** [부] 고의로(on purpose)
[dilíbəritli]
[형] deliberate 신중한, 고의적인
◆ a deliberate lie 고의적인 거짓말
◆ a group of similar things that one has deliberately acquired [수능기출]
의도적으로 얻은 비슷한 물건들의 집합

819□ **process** [명] 과정(course), 진행
[prάses]
◆ go through a complex process [수능기출]
복잡한 과정을 거치다

820□ **funeral** [명] 장례식
[fjúːnərəl]
◆ a state funeral 국장(國葬), a funeral director 장의사

821□ **obvious** [형] 명백한(↔obscure 애매한 )
[άbviəs]
[부] obviously 명백하게
◆ an obvious fact 명백한 사실
◆ It is obvious that he lied to me.
그가 내게 거짓말을 한 것이 분명하다.

822☐ **cooperate** 동 협력(협동)하다

[kouápərèit] 명 **cooperation** 협력, 협동(조합) 형 **cooperative**

◆ in cooperation with ~과 협력(협동)하여

◆ consumers' cooperation 소비 조합


823☐ **officer** 명 장교, 관리, 공무원

[ɔ́(:)fisər] ◆ Chief Executive Officer 최고 경영자(CEO)

◆ a public officer 공무원


824☐ **refrigerator** 명 냉장고

[rifrídʒərèitər]


825☐ **predict** 동 예언(예보)하다 명 **prediction** 예언, 예보

[pridíkt] ◆ Why is predicting the future so difficult? 수능기출

미래를 예측하는 일은 왜 그렇게 어려운 것일까?


826☐ **discriminate** 동 구별하다, 차별하다

[diskrímineit] 명 **discrimination** 구별, 차별 대우

◆ racial discrimination 인종 차별


827☐ **realistic** 형 현실적인(↔ ideal이상적인) 명 **reality** 현실

[rìːəlístik] 동 **realize** 실현하다, 깨닫다

◆ The story is neither realistic nor humorous.

그 이야기는 사실적이지도 않고 유머도 없다.


**159**

828□ **frustrate** 동 좌절시키다 명 frustration 좌절, 욕구 불만
[frʌ́streit] ◆ feel frustrated 좌절감을 느끼다
◆ be frustrated in one's ambition 야망이 꺾이다

829□ **decade** 명 10년간
[dékeid] ◆ several decades 수십 년

830□ **slave** 명 노예 명 slavery 노예 제도
[sleiv] ◆ slave labor 강제 노동

831□ **yield** 동 생산하다, 굴복하다 명 생산
[ji:ld] ◆ yield rich harvest 풍성한 수확을 내다
◆ yield to force 폭력에 굴복하다

832□ **sensitive** 형 민감한, 예민한 형 sensible 분별이 있는
[sénsitiv] 명동 sense 감각, 느끼다
◆ a sense of humor 유머 감각

833□ **stay** 동 머무르다, 숙박하다(at)
[stei] ◆ stay at a hotel 호텔에 묵다

834□ **accumulate** 동 축적하다 명 accumulation 축적
[əkjú:mjulèit] ◆ accumulate wealth 부를 축적하다

835☐ **cheat**
[tʃiːt]
동 속이다(deceive), 부정행위를 하다  명 사기꾼
◆ cheat to pass the examination
시험에 합격하기 위해 부정행위를 하다

836☐ **dissolve**
[dizálv/-zɔ́lv]
동 녹이다, 해산하다
◆ dissolve sugar in water 설탕을 물에 녹이다

837☐ **honesty**
[ánisti]
명 정직  형 honest 정직한
◆ Honesty is the best policy. 정직이 최선의 방책이다.

838☐ **desert**
[dézərt]
명 사막, 황무지  형 불모의(barren)
동 [dizə́ːrt] 버리다

839☐ **withstand**
[wiðstǽnd]
동 저항하다, 견디다
◆ withstand temptation 유혹을 견디다

840☐ **planet**
[plǽnit]
명 행성
◆ artificial planet 인공 위성

841☐ **doom**
[duːm]
명 운명(fate), 파멸  동 운명짓다
◆ be doomed to  ~할 운명이다 수능기출
◆ Our hopes were doomed to disappointment.
우리의 희망은 깨어질 운명이었다.

161

842□ **ridiculous** 휑 우스꽝스러운 명동 ridicule 조롱(하다)
[ridíkjuləs] ◆ a ridiculous dress 우스운 옷차림

843□ **convey** 동 나르다, 전달하다 명 conveyance 운반, 전달
[kənvéi] ◆ Buses convey passengers.
버스는 승객을 실어 나른다.

844□ **introduce** 동 소개하다, 도입하다
[ìntrədjú:s] 명 introduction 소개, 도입, 서문
휑 introductive 소개의, 머리말의
◆ introduce oneself 자기 소개를 하다

845□ **trait** 명 특징, 특성
[treit] ◆ national traits 국민성

846□ **sort** 동 분류하다(classify) 명 종류(kind)
[sɔ:rt] ◆ sort mail 우편물을 분류하다, a sort of 일종의

847□ **struggle** 명동 분투(하다), 발버둥치다
[strʌ́gl] ◆ a struggle for liberty 자유를 얻기 위한 투쟁

848□ **refund** 명동 환불(하다)
[rí(:)fʌnd] ◆ refund the entire sum 전액을 환불하다

849□ **impulse**
[ímpʌls]

명 충동, 충격　형 impulsive 충동적인
◆ impulse buying 충동 구매


850□ **election**
[ilékʃən]

명 선거　동 elect 선거(선출)하다
◆ He was elected for congress in 2003.
그는 2003년 국회의원으로 선출되었다.


851□ **locate**
[loukéit]

동 ~에 위치시키다　명 location 위치, 장소
◆ The office is located in Seoul.
사무실은 서울에 위치해 있다.


852□ **fix**
[fiks]

동 고정시키다, 수리하다(mend), 설치하다
형 fixed 고정된, 설비된
◆ fix a mirror to the wall 거울을 벽에 고정시키다
◆ fix a radio 라디오를 수리하다


853□ **resign**
[rizáin]

동 사직하다, 퇴직하다(retire)　명 resignation 사직
◆ He resigned as president. 그는 회장직에서 물러났다.


854□ **notable**
[nóutəbl]

형 주목할 만한, 저명한　부 notably 현저하게
◆ a notable exception 주목할 만한 예외
◆ a notable achievement 뛰어난 업적

855☐ **graze**
[greiz]
동 풀을 뜯어먹다
◆A herd of cattle are grazing in the pasture.
소떼가 목장에서 풀을 뜯어먹고 있다.

856☐ **intellect**
[ínt(i)lèkt]
명 지성(인)  형 intellectual 지적인, 총명한(intelligent)
◆ the intellectual classes 지식 계급
◆ an intellectual crime 지능 범죄

857☐ **beverage**
[bévəridʒ]
명 음료
◆ alcoholic beverages 주류

858☐ **soul**
[soul]
명 영혼, 정신(spirit), 사람
형 soulless 혼이 빠진, 정신이 없는
◆ a simple soul 바보

859☐ **humble**
[hʌ́mbl]
형 겸손한(modest), 초라한, 하찮은
◆ a humble dwelling 초라한 집
◆ a humble attitude 겸손한 태도

860☐ **cheer**
[tʃiər]
명동 환호, 성원(하다)
형 cheerful 즐거운, 쾌활한
◆ Cheer up. 기운 내라.
◆ I heard the crowd cheering. 수능기출
나는 관중들이 환호하는 소리를 들었다.

861☐ **punctual**
[pʌ́ŋktʃuəl]
- 혱 시간을 잘 지키는(↔unpunctual 시간을 안 지키는)
- 몡 punctuality 시간 엄수
- ◆ punctually as always 수능기출
  항상 그렇듯이 정확한 시간에

862☐ **worth**
[wəːrθ]
- 혱 ~할 가치가 있는(↔worthless 가치 없는)
- 몡 가치(value)
- 혱 worthy 가치 있는, 훌륭한(worthwhile)
- ◆ This idea is worth considering.
  이 아이디어는 고려 할 가치가 있다.
- ◆ a behavior worthy of praise 칭찬할 만한 행위

863☐ **huge**
[hjuːdʒ]
- 혱 거대한, 막대한
- ◆ a huge building 거대한 건물
- ◆ a huge amount of money 막대한 금액

864☐ **reverse**
[rivə́ːrs]
- 됨 거꾸로 하다 몡 반대 . 혱 거꾸로의, 역의
- ◆ reverse a glass 컵을 엎어놓다
- ◆ It is just the reverse of what he thinks.
  그것은 그가 생각하고 있는 것과 정반대이다.

865☐ **seemingly**
[síːmiŋli]
- 훰 겉으로는, 보기에는
- 혱 seeming 외관상의, 그럴 듯한
- ◆ This seemingly reasonable explanation~
  겉으로는 합리적으로 보이는 이 설명은~ 수능기출
- ◆ with seeming sincerity 마치 성실한 양

866☐ **height** 　🅟 높이, 신장, 해발　🅐 high 높은, 비싼

[hait]
◆ the height above sea level 해발
◆ He is six feet high. 그는 신장이 6피트이다.

867☐ **injure** 　🅥 상처를 입히다, 손상시키다　🅟 injury 부상

[índʒər]
🅐 injurious 해로운(harmful)
◆ injurious habits 악습
◆ be injured in an accident 사고로 상처를 입다

868☐ **exaggerate** 🅥 과장하다　🅟 exaggeration 과장

[igzǽdʒərèit]
◆ exaggerate such differences 수능기출
　그러한 차이를 과장하다

869☐ **silly** 　🅐 어리석은(foolish)

[síli]
◆ a silly ass 바보 같은 놈

870☐ **pretend** 　🅥 ~인 체하다

[priténd]
◆ They pretended not to know him.
　그들은 그를 모르는 체했다.

871☐ **consult** 　🅥 상담(상의)하다

[kənsʌ́lt]
🅟 consultant 상담역, 컨설턴트
🅟 consultation 상담
◆ consult a lawyer 변호사에게 상의하다

872☐ **sacrifice** 몡동 희생(하다), 제물(로 바치다)
[sǽkrifàis]
◆ She sacrificed everything for her children.
그녀는 자식들을 위해 모든 것을 희생했다.

873☐ **obtain** 동 얻다, 획득하다(get) 형 obtainable 획득할 수 있는
[əbtéin]
◆ obtain knowledge through study
연구를 통해 지식을 얻다

874☐ **rate** 몡 비율(ratio), 요금, 속도
[reit]
◆ the birth rate 출생률, the telephone rate 전화 요금
◆ at the rate of 20 miles an hour
시속 20마일의 속도로

875☐ **hence** 뷔 그러므로(therefore), 지금부터
[hens]

876☐ **collapse** 몡동 붕괴(하다)
[kəlǽps]
◆ The roof collapsed under the weight of snow.
지붕이 눈의 무게를 이기지 못하고 붕괴했다.

877☐ **amuse** 동 재미나게 하다, 웃기다
[əmjúːz]
형 amusing 재미있는, 웃기는
몡 amusement 오락(recreation), 즐거움
◆ He amused the children with jokes.
그는 농담으로 아이들을 재미나게 했다.
◆ amusement park 놀이 공원

# Check up (28th–30th day)

## 1) 다음 영어는 우리말로, 우리말은 영어로 쓰시오.(1–14)

1. bribe
2. disclose
3. cooperate
4. predict
5. accumulate
6. introduce
7. election

8. 영토
9. 냄새
10. 지방
11. 요소
12. 명백한
13. 노예
14. 정직

## 2) 다음 빈 칸에 알맞은 단어를 쓰시오.(15–24)

15. household _____     집안일
16. _____ buying     충동 구매
17. the _____ classes     지식 계급
18. the _____ above sea level     해발
19. national _____     국민성
20. artificial _____     인공위성
21. consumer's _____     소비자 조합
22. a _____ of dust     미세 먼지
23. a financial _____     재정 부담
24. a _____ meal     가벼운 식사

### Speed Test

| | | | |
|---|---|---|---|
| conceal | 숨기다, 감추다 | occupation | 직업 |
| displease | 불쾌하게 하다 | postpone | 연기하다 |
| provoke | 화나게 하다 | volunteer | 자원 봉사자 |
| after all | 결국 | inform | 알리다 |
| telescope | 망원경 | apply for | ~에 지원하다 |
| interval | 간격 | be used to –ing | ~에 익숙해져 있다 |

정답 1.뇌물 2.폭로하다 3.협력하다 4.예언하다 5.축적하다 6.소개하다 7.선거
8.domain 9.scent 10.region 11.factor 12.obvious 13.slave 14.honesty 15.chores
16.impulse 17.intellectual 18.height 19.traits 20.planet 21.cooperation 22.particle
23.burden 24.slight

168

878 □ **protest**
[prətést]

동 항의(주장)하다  명 [próutest] 항의, 주장

◆ protest against the decision 그 결정에 항의하다

879 □ **regulate**
[régjulèit]

동 조절하다, 규정하다  명 regulation 규칙, 조절

◆ regulate the temperature of a room
실내 온도를 조절하다

880 □ **handicapped**
[hǽndikæ̀pt]

형 장애가 있는, 불구의

명 handicap 장애, 불리한 조건

◆ a handicapped child 신체 장애아

881 □ **venture**
[véntʃər]

명 모험, 모험적 사업  동 위험을 무릅쓰고~하다

◆ It's a bold venture starting a business these days.
요즘 사업을 시작하는 것은 대담한 모험이다.

882 □ **inherit**
[inhérit]

동 상속하다, 유전하다  명 inheritance 상속, 유전

◆ She inherited a fortune from her father.
그녀는 아버지로부터 재산을 상속받았다.

883 □ **delay**
[diléi]

명동 연기(하다), 지연(시키다)

◆ delay starting 출발을 연기하다

884□ **anticipate** 동 예상하다, 기대하다(expect)
[æntísipèit] 명 anticipation 예상, 기대
◆ anticipate a victory 승리를 예상하다

885□ **threat** 명 위협, 협박
[θret] 동 threaten 위협(협박)하다
◆ It will be a threat to our security.
그것은 우리들의 안전을 위협하게 될 것이다.

886□ **weep** 동 (weep-wept-wept) 눈물짓다, 울다
[wi:p] ◆ weep with pain 아파서 울다

887□ **spoil** 동 망치다, (음식물이)상하다(decay)
[spɔil] ◆ This humidity can cause the coffee to quickly spoil.
습기가 커피를 빨리 손상시킬 수 있다. 수능기출

888□ **consist** 동 ~로 구성되다(of)(be composed of),~에 있다(in)
[kənsíst] ◆ The committee consists of ten members.
그 위원회는 열 명의 회원으로 구성되어 있다.
◆ Happiness consists in contentment.
행복은 만족에 있다.

889□ **welfare** 명 복지(well-being)
[wélfɛ̀ər] ◆ social welfare 사회 복지 수능기출

890☐ **jealousy** 명 질투  형 jealous 질투심이 많은, 시기하는
[dʒéləsi]
◆ be jealous of ~을 시샘하다
◆ a jealous husband 질투심이 많은 남편

891☐ **neat** 형 단정한, 깔끔한
[niːt]
◆ Her house is always neat. 그녀의 집은 언제나 깔끔하다.

892☐ **amount** 명 양(quantity), 총계  동 총계가 ~에 이르다(to)
[əmáunt]
◆ a large amount of money 거액의 돈

893☐ **peer** 명 귀족, 동료  동 응시하다
[piər]
◆ peer at each passenger
승객의 얼굴을 하나 하나 살피다

894☐ **foundation** 명 기초, 설립, 재단  동 found 창립(설립)하다
[faundéiʃən]
◆ found a school 학교를 설립하다
◆ The building has a solid foundation.
그 건물은 기초가 튼튼하다.

895☐ **wander** 동 떠돌다, 배회하다  명 wanderer 방랑자
[wándər]
◆ The villagers no longer allowed their cattle
to wander far. 수능기출
마을 사람들은 더 이상 그들의 소 떼들이 멀리
돌아다니지 않게 했다.

171

896☐ **creep**
[kri:p]
동 (creep-crept-crept) 기다(crawl), 살금살금 다니다
◆ creep on tiptoe 발끝으로 살금살금 걷다

897☐ **hate**
[heit]
동 증오하다  명 증오
명 hatred 증오  형 hateful 미운, 증오에 찬
◆ hate one another 서로 미워하다

898☐ **optimistic**
[àptimístik]
형 낙관적인 (↔ pessimistic 비관적인)
명 optimism 낙관주의
◆ a optimistic view 낙관적인 견해

899☐ **pessimistic**
[pèsimístik]
형 비관적인, 염세적인
명 pessimism 비관, 염세주의

900☐ **customer**
[kʌ́stəmər]
명 손님, 고객
◆ regular customers 단골손님

901☐ **obligate**
[ábligèit]
동 ~에게 의무를 지우다
◆ Parents are obligated to support their children.
부모는 자녀를 양육할 의무가 있다.

902☐ **chase**
[tʃeis]
동 추적하다, 뒤쫓다  명 추적
◆ chase a thief 도둑을 뒤쫓다

903☐ **habitat** 명 (동식물의)서식지, 거주지

[hǽbitæt]
◆ the destruction of wildlife habitat
야생 생물 서식지의 파괴


904☐ **harsh** 형 가혹한, 거친

[hɑːrʃ]
◆ harsh criticism 가혹한 비평


905☐ **decline** 동 쇠퇴하다, 감소하다, (정중히)거절하다

[dikláin]
◆ decline an invitation 초대를(정중히)거절하다
◆ His health slowly declined.
그의 건강이 서서히 쇠약해졌다.


906☐ **prosperous** 형 번영(번창)하는

[práspərəs]
동 prosper 번영하다, 성공하다
명 prosperity 번영, 성공
◆ a prosperous business 번창하는 사업


907☐ **astronomer** 명 천문학자

[əstránəmər]
명 astronomy 천문학
명 astronaut 우주 비행사


908☐ **compromise** 명동 타협(하다)

[kámprəmàiz]
◆ reach a satisfactory compromise
만족스러운 타협에 이르다


173

909☐ **betray**
[bitréi]

ⓥ 배반하다, 누설하다　ⓝ betrayal 배반
ⓝ betrayer 배반자
◆ betray a friend 친구를 배반하다


910☐ **disgrace**
[disgréis]

ⓝ 불명예, 치욕　ⓐ disgraceful 불명예스러운
◆ bring disgrace on one's country
　조국에 치욕을 가져오다


911☐ **point**
[pɔint]

ⓥ ~을 가리키다, 강조하다
ⓝ (뾰족한)끝, 점, 점수, 요점
◆ point a finger at the building
　손가락으로 그 건물을 가리키다
◆ the point of an argument 논의의 요점


912☐ **speech**
[spiːtʃ]

ⓝ 연설　ⓥ speak 말하다
◆ He made an impressive speech.
　그는 인상적인 연설을 했다.


913☐ **global**
[glóubəl]

ⓐ 지구의, 전 세계의, 구형의
ⓝ globe 지구(earth),공　ⓝ globalization 세계화
◆ global warming 지구의 온난화
◆ global market 세계 시장

914☐ **steady** 혱 꾸준한, 한결같은, 확고한 뷔 steadily
[stédi]
◆ steady economic growth 꾸준한 경제 성장
◆ maintain a steady speed 일정한 속도를 유지하다
◆ steadily decreased 꾸준히 감소했다 〔수능기출〕

915☐ **predominant** 혱 뛰어난, 우세한(dominant)
[pridάminənt] 동 predominate 우세하다, 능가하다

916☐ **alien** 명 외국인(foreigner), 외계인 혱 외국의, 이질적인
[éiljən]

917☐ **destruct** 동 ~을 파괴하다(destroy) 혱 destructive 파괴적인
[distrΛkt] 명 destruction 파괴
◆ the destruction of the rain forests 열대 우림의 파괴

918☐ **resident** 명 거주자 혱 거주하는 동 reside 거주하다
[rézidənt] 명 residence 주택, 거주
◆ Korean residents in Japan 재일 동포

919☐ **ethics** 명 윤리학 혱 ethical 윤리의, 도덕적인
[éθiks] ◆ practical ethics 실천 윤리학

920☐ **cell** 명 세포
[sel] ◆ cells of the brain 뇌세포

175

921☐ **neutral**
[njúːtrəl]

⟨형⟩ 중립의, 중성의
⟨명⟩ neutrality 중립
◆ a neutral state 중립국
◆ a neutral attitude 중립적인 태도

922☐ **extreme**
[ikstríːm]

⟨형⟩ 극도의, 심한  ⟨명⟩ 극단  ⟨부⟩ extremely
◆ I remember my emotions swinging from one extreme to another. 수능기출
감정이 극에서 극으로 왔다 갔다 했던 것을 기억한다.
◆ extremely difficult 아주 어려운 수능기출

923☐ **conscience**
[kánʃəns]

⟨명⟩ 양심  ⟨형⟩ conscientious 양심적인
◆ a social conscience 사회적 양심

924☐ **motion**
[móuʃən]

⟨명⟩ 운동, 이동, 몸짓  ⟨동⟩ 몸짓으로 신호하다(gesture)
◆ a motion of the hand 손짓

925☐ **transport**
[trænspɔ́ːrt]

⟨동⟩ 수송하다(convey)
⟨명⟩ transportation 수송, 교통수단
◆ public transportation 대중 교통수단

926☐ **reserve**
[rizə́ːrv]

⟨동⟩ 예약하다(make a reservation, book)
⟨명⟩ reservation 예약
◆ This table is reserved. 이 좌석은 예약된 것입니다.

176

927☐ **genuine**　웹 진짜의(real), 진정한

[dʒénjuin]　⬤ genuinely 진정으로

　　◆ a genuine article 진품

　　◆ genuine interest 진정한 흥미 수능기출


928☐ **fierce**　웹 사나운, 격렬한

[fiərs]　◆ fierce animals 맹수

　　◆ a fierce competition 치열한 경쟁


929☐ **rigid**　웹 굳은, 단단한(hand), 엄격한

[rídʒid]　◆ rigid discipline 엄격한 규율


930☐ **earthquake**　몡 지진

[ə́ːrθkwèik]　◆ There was a strong earthquake last night.

　　어젯 밤 강한 지진이 있었다.


931☐ **stick**　동 (stick-stuck-stuck)찌르다, 붙이다

[stik]　몡 막대기　몡 sticker 스티커

　　◆ stick to ~을 고수하다

　　◆ The nurse stuck the needle into my arm.

　　간호사가 내 팔에 (주사)바늘을 찔렀다.


932☐ **abandon**　동 포기하다(give up)

[əbǽndən]　◆ abandon one's plan 계획을 포기하다


177

933□ **display** [displéi]
[동] 전시(진열)하다(exhibit) [명] 전시, 진열
◆ display new spring clothes 새로운 봄 옷을 진열하다

934□ **vacant** [véikənt]
[형] 텅 빈, 공허한(empty)
[명] vacancy 빈 방
◆ a vacant house 빈 집

935□ **length** [leŋkθ]
[명] 길이 [동] lengthen 길게 하다, 늘이다
◆ The days are lengthening. 해가 점점 길어진다.

936□ **correct** [kərékt]
[동] 수정하다, 고치다 [형] 올바른, 정확한 (↔incorrect)
◆ correct the errors 잘못을 고치다
◆ correct behavior 올바른 행실

937□ **secret** [síːkrit]
[명][형] 비밀(의), 비결(의)
◆ the secret garden 비밀의 화원
◆ You still looks so young. What is your secret? 당신은 여전히 매우 젊어 보여요. 비결이 뭐지요?

938□ **personality** [pə̀rs(ə)nǽliti]
[명] 개성, 성격, 인격
[형] personal 개인의
[부] personally 자기 스스로, 친히
◆ a man of strong personality 개성이 강한 사람
◆ dual personality 이중 인격

939☐ **bet**
[bet]

ⓢ 내기를 하다, (돈을)걸다, 틀림없이 ~이다   ⓜ 도박

◆ I bet he'll be late. 틀림없이 그는 지각할 것이다.

◆ He bet two pounds on the horse.
그는 그 말에 2파운드 걸었다.


940☐ **substitute**
[sΛbstitjùːt]

ⓜ 대리인, 대용품  ⓢ 대체하다, 대신하다

ⓜ substitution 대체, 대신

◆ substitute B for A   A를 B로 대체하다

◆ I substituted margarine for the butter.
버터를 마가린으로 대용했다.


941☐ **specific**
[spisífik]

ⓗ 특정한, 명확한, 구체적인

ⓢ specify 명확히 하다, 구체화하다

ⓑ specifically 명확히, 구체적으로

◆ a specific reason 분명한 이유


942☐ **deserve**
[dizə́ːrv]

ⓢ ~을 받을 만하다, ~할 가치가(자격이) 있다

◆ They deserve your attention and care. 수능기출
그들은 너의 주의와 관심을 받을 자격이 있다.


943☐ **lean**
[liːn]

ⓗ 여윈, 날씬한  ⓢ 기대다

◆ lean against the wall 벽에 기대다


179

944□ **resentful**
[rizéntfəl]

- 형 분개한, 화난
- 동 resent 분개하다
- 명 resentment 분개,원한
- ◆ a resentful voice 화난 목소리
- ◆ She resented his making all the decisions.
  그녀는 그가 모든 결정을 내린 것에 분개했다.

945□ **categorize**
[kǽtigəràiz]

- 동 ~을 범주에 넣다, 분류하다
- 명 category 범주, 카테고리
- ◆ group people into five categories
  사람을 다섯 부류로 분류하다

946□ **ascend**
[əsénd]

- 동 오르다, 올라가다(↔descend)
- ◆ ascend the throne 왕위에 오르다
- ◆ ascend against a stream 개울을 거슬러 올라가다

947□ **descend**
[disénd]

- 동 내려오다
- 명 descendant 자손 (↔ancestor 선조)
- ◆ descend from a tree 나무에서 내려오다

948□ **explosion**
[iksplóuʒən]

- 명 폭발, (폭발적인)급증
- 동 explode 폭발하다
- 형명 explosive 폭발적인, 폭발물
- ◆ underground explosions 지하의 폭발 수능기출
- ◆ population explosion 인구의 급증

949☐ **assemble**
[əsémbl]

동 모이(으)다(gather), 조립하다

명 assembly 모임, 조립, 의회

◆ the entire assembly 전체를 모아 놓은 것 〔수능기출〕

◆ select and assemble scenes 〔수능기출〕
영화 장면들을 선택하고 모으다

950☐ **faint**
[feint]

형 희미한  동 기절하다

◆ a faint light 희미한 불빛

◆ He nearly fainted with joy. 〔수능기출〕
그는 기뻐서 거의 기절할 지경이었다.

951☐ **dialect**
[dáiəlèkt]

명 사투리, 방언

◆ in the Scottish dialect 스코틀랜드 방언으로

952☐ **assimilate**
[əsímilèit]

동 동화하다  명 assimilation 동화(작용)

◆ haste to force their assimilation 〔수능기출〕
그들을 강제로 동화시키려는 서두름

953☐ **approve**
[əprúːv]

동 승인(찬성)하다  명 approval 승인,인가

◆ Her parents did not approve of her marriage.
부모는 그녀의 결혼을 찬성하지 않았다.

954☐ **strategy**
[strǽtidʒi]

명 전략, 전술  형 strategic 전략상의

◆ marketing strategy 마케팅 전략

955☐ **bold**
[bould]

혱 대담한, 용감한 (↔timid 겁많은)

◆ a bold speech 대담한 연설

956☐ **permit**
[pə(:)rmít]

동 허가(허락)하다(allow)(↔ forbid 금지하다)

몡 permission 허가, 허락

◆ so far as health permits 건강이 허락하는 한

957☐ **worm**
[wə:rm ]

몡 벌레

◆ The early bird catches the worm. 속담
일찍 일어나는 새가 벌레를 잡는다.

958☐ **steer**
[stiər]

동 조종하다, (어떤 방향으로) 향하다

◆ steer a ship westward 배를 서쪽으로 향하게 하다

959☐ **candidate**
[kǽndidèit]

동 지원자, 후보자

◆ a candidate for president 대통령 후보

960☐ **handle**
[hǽndl]

몡 손잡이  동 다루다, 처리하다

◆ This machine is hard to handle.
기계는 다루기가 힘들다.

961☐ **versus**
[və́:rsəs]

전 (소송, 경기에서) ~대(對)

◆ Korea versus Japan 한국 대 일본

182

962☐ **monotonous**
[mənátənəs]

혱 단조로운, 변화가 없는

몡 monotony 단조로움, 지루함

◆ monotonous occupations 단조로운 직업


963☐ **derive**
[diráiv]

동 ~을 얻다, ~에서 유래하다(from)

혱 derivative 유래된

몡 derivation 유래, 유도

◆ derive knowledge from conversation
대화에서 지식을 얻다

◆ derived words 파생어


964☐ **aside**
[əsáid]

뷰 한쪽으로, 떨어져서

◆ step aside 비켜서다, 길을 비키다

◆ aside from ~은 별도로 하고(apart from)


965☐ **drift**
[drift]

동몡 표류(하다), 떠다니다

◆ drifting clouds 뜬 구름


966☐ **estimate**
[éstimèit]

동 평가하다, 어림잡다

몡 [éstimət] 견적

몡 estimation 평가, 견적

◆ estimate for repairing expenses
수리비 견적을 내다

◆ the estimated crop for this year
금년도의 예상 수확고

# *Check up* (31th–33th day)

## 1) 다음 영어는 우리말로, 우리말은 영어로 쓰시오.(1-14)

1. anticipate
2. compromise
3. predominant
4. transport
5. approve
6. monotonous
7. resentful

8. 모험
9. 복지
10. 질투
11. 손님
12. 양심
13. 지진
14. 방언

## 2) 다음 빈 칸에 알맞은 단어를 쓰시오.(15-24)

15. social _____     사회복지
16. _____ warming     지구의 온난화
17. Korean _____ in Japan     제일동포
18. a _____ state     중립국
19. a _____ article     진품
20. dual _____     이중 인격
21. marketing _____     마케팅 전략
22. a _____ for president     대통령 후보
23. Korea _____ Japan     한국대 일본
24. a _____ child     신체 장애아

---

### Speed Test

| | | | |
|---|---|---|---|
| pharmacy | 약국 | concise | 간결한(brief) |
| receipt | 영수증 | asleep | 잠들어 있는 |
| well-off | 부유한 | suburb | 교외 |
| describe | 묘사하다 | refuge | 피난처(shelter) |
| convey | 운반하다 | perfect | 완전한 |
| belong | ~에 속하다 | congratulate | 축하하다 |

---

정답 1.예상하다 2.타협하다 3.뛰어난 4.수송하다 5.승인하다 6.단조로운 7.분개한
8.venture 9.welfare 10.jealousy 11.customer 12.conscience 13.earthquake
14.dialect 15.welfare 16.global 17.residents 18.neutral 19.genuine 20.peresonality
21.strategy 22.candidate 23.versus 24.handicapped

184

967 □ **fasten**
[fǽsn]

동 고정시키다, 동여매다
◆ Fasten your seat belt, please.
안전벨트를 매어 주십시오.

968 □ **ruin**
[rúːin]

명 파멸, 폐허   동 파괴(멸망)시키다
◆ The rice crops were ruined by the typhoon.
태풍으로 벼농사가 완전히 망가졌다.

969 □ **circumstance**
[sə́ːrkəmstæ̀ns]

명 (pl) 환경, 사정
◆ according to circumstances 상황에 따라서

970 □ **admire**
[ədmáiər]

동 감탄하다, 찬양하다(praise)
명 admiration 감탄, 찬양
형 admirable 감탄할 만한
◆ admire the beauty of a swan 수능기출
백조의 아름다움을 감탄하다

971 □ **defeat**
[difíːt]

동 패배(좌절)시키다   명 패배
◆ defeat the father's purpose 수능기출
아버지의 목적을 무산시키다(좌절시키다)
◆ I defeated her at tennis.
나는 테니스에서 그녀를 이겼다.

185

972□ **assign**
[əsáin]

동 할당하다　명 assignment 할당, 숙제
◆ assign work to each man  각자에게 작업을 할당하다
◆ an English assignment  영어 숙제

973□ **caution**
[kɔ́ːʃən]

명동 조심, 경고(하다), 주의(를 주다)
형 cautious 신중한, 조심스러운
◆ give a caution to one's friend  친구에게 주의를 주다
◆ a cautious manner  조심성 있는 태도

974□ **fury**
[fjú(ː)ri]

명 격분(anger)　형 furious 격분한, 격렬한
◆ fly into a fury  노발대발하다
◆ a furious attack  맹공격

975□ **transfer**
[trænsfɔ́ːr]

동 옮기다, 갈아타다
명 [trǽnsfər] 이동, 전학, 전임
◆ Please have my trunks transferred to the station.
내 트렁크를 역까지 옮겨 주십시오.

976□ **beast**
[biːst]

명 짐승, 야수
◆ the fierce beast  맹수

977□ **escape**
[iskéip]

동 달아나다, 피하다　명 도망, 도피
◆ escape from prison  탈옥하다
◆ escape punishment  처벌을 면하다

186

978☐ **athlete**　　명 운동 선수　형 athletic 운동 경기의
[ǽθliːt]　　◆ an Olympic athlete 올림픽 선수

979☐ **branch**　　명 가지, 지점
[bræntʃ]　　◆ a branch office 지점

980☐ **scene**　　명 장면, 풍경(view), 현장
[siːn]　　◆ a night scene 야경
　　◆ a scene of disaster 재난 현장

981☐ **opinion**　　명 생각, 견해
[əpínjən]　　◆ public opinion 여론, in my opinion 내 생각으로는

982☐ **theme**　　명 주제(subject)
[θiːm]

983☐ **stupid**　　형 어리석은(foolish), 멍청한
[stjúːpid]　　◆ What a stupid idea! 얼마나 어리석은 생각인가!

984☐ **plain**　　형 명백한, 쉬운, 평범한(ordinary)　명 평원
[plein]　　◆ Not just plain folk hold these misconceptions.
　　평범한 평민들만이 이러한 잘못된 생각을 가지고
　　있는 것은 아니다. 수능기출

187

985□ **recreation** 몡 기분 전환, 오락
[rèkriéiʃən]　　　 톙 recreational 오락의, 휴양의
◆ recreational facilities 오락 시설

986□ **overtake** 동 따라잡다, 추월하다
[òuvərtéik]　　　 ◆ No overtaking 추월 금지

987□ **invest** 동 투자하다　몡 investment 투자
[invést]　　　 몡 investor 투자자
◆ invest one's money in stocks 주식에 투자하다

988□ **sum** 몡동 합계(하다), 요약(하다)
[sʌm]　　　 몡 summation 덧셈
◆ I summed up the changes. 나는 잔돈의 합계를 냈다.

989□ **moisture** 몡 습기, 수분　톙 moist 축축한(damp)
[mɔ́istʃər]　　　 ◆ be moist with dew 이슬에 젖어 있다

990□ **fund** 몡 자금, 기금
[fʌnd]　　　 ◆ a scholarship fund 장학 기금

991□ **naked** 톙 벌거벗은, 나체의(nude)
[néikid]　　　 ◆ with the naked eye 육안으로

188

992☐ **bark**
[bɑːrk]

몡 개 짖는 소리　동 짖다
◆ Barking dogs seldom bite.
　잘 짖는 개는 좀처럼 물지 않는다.

993☐ **competent**
[kámpətənt]

혱 유능한(capable), 적임의　몡 competence 능력
◆ a competent secretary 유능한 비서

994☐ **coherent**
[kouhíərənt]

혱 응집성의, 일관된, 조리 있는
◆ a visually coherent work of art 《수능기출》
　시각적으로 응집력 있는 예술작품

995☐ **advocate**
[ǽdvəkèit]

동 변호하다, 주장하다　몡 [ǽdvəkit] 변호사, 옹호자
몡 advocacy 변호, 주장
◆ advocate abolishing class distinctions
　계급 차별의 폐지를 주장하다

996☐ **entitle**
[intáitl]

동 자격(권리)을 부여하다, 표제를 달다
◆ At the age of 19 we are entitled to vote.
　19세에 우리는 투표권을 부여받는다.

997☐ **tie**
[tai]

동 묶다, 매다(bind)
몡 매듭, 끈, 넥타이(necktie)
◆ tie a dog to a tree with a leash
　개를 가죽 끈으로 나무에 매다

**Day 35**

998 □ **activate**
[ǽktivèit]
동 활성화하다  명 activation 활성화

999 □ **tragedy**
[trǽdʒidi]
명 비극 (↔ comedy 희극)  형 tragic 비극의, 비참한
◆ a tragic accident 비극적인 사고

1000 □ **item**
[áitəm]
명 항목, 이야깃거리
◆ an interesting item of news 재미있는 신문 기사

1001 □ **chat**
[tʃæt]
동 담소(잡담)하다  명 잡담
◆ Let's chat over tea. 차를 마시면서 이야기하자.

1002 □ **convert**
[kənvə́ːrt]
동 바꾸다(change)
◆ convert cotton into cloth 면사를 천으로 변화시키다

1003 □ **afford**
[əfɔ́ːrd]
동 ~할 (경제적/시간적) 여유가 있다(can afford to)
◆ I cannot afford to buy a new car.
새 차를 살 여유가 없다.

1004 □ **timid**
[tímid]
형 겁 많은, 소심한
◆ as timid as a rabbit 토끼처럼 겁이 많은

1005☐ **grocery** 몡 식료품(점), 잡화점 몡 grocer 식료품상
[gróusəri] ◆ a grocery store 식료품점

1006☐ **eliminate** 동 제거하다 몡 elimination 제거, 배제
[ilímineìt] ◆ Credit cards eliminate the need to carry
a lot of cash.
신용카드는 현금을 많이 가지고 다닐 필요성을 없앴다.

1007☐ **almost** 뷔 거의
[ɔ́:lmoust] ◆ It's almost ten o'clock. 10시가 다 되었다.
◆ He was almost frozen to death.
그는 거의 얼어 죽을 뻔했다.

1008☐ **patient** 형 참을성 있는 (↔ impatient 성급한) 몡 환자
[péiʃənt] 몡 patience 인내
◆ Remind yourself to be patient and wait. 수능기출
인내하면서 기다리라고 자신에게 상기시켜라.

1009☐ **channel** 몡 (통신)채널, 해협, 경로
[tʃǽnəl] ◆ the (English) Channel 영국 해협
◆ a reliable channel 믿을 만한 소식통

1010☐ **recite** 동 암송(낭송)하다 몡 recital 낭송, 독주(회)
[risáit] ◆ recite a poem 시를 낭송하다

191

1011□ **circulate**
[sə́ːrkjulèit]
동 돌다, 순환하다  명 circulation  형 circular 원형의
◆ Regular exercise will improve blood circulation.
규칙적인 운동은 혈액 순환을 개선시킬 것이다.

1012□ **crash**
[kræʃ]
동 부수다, 충돌하다, 추락하다  명 충돌, 추락
◆ crash a cup against a wall  찻잔을 벽에 던져 박살을 내다

1013□ **lawsuit**
[lɔ́ːsùːt]
명 소송(suit)
◆ bring in a lawsuit against  ~에 대해 소송을 제기하다

1014□ **confess**
[kənfés]
동 자백하다, 인정하다(admit)  명 confession 자백
◆ She confessed her crime to her friends.
그녀는 죄를 친구들에게 자백했다.

1015□ **mature**
[mətjúər]
형 성숙한 (↔ immature 미숙한)  명 maturity 성숙
◆ a mature and sensible attitude
성숙하고 분별있는 태도

1016□ **verse**
[vəːrs]
명 시, 운문 (↔ prose 산문)

1017□ **against**
[əgénst]
전 ~에 대항하여, 역행하여, ~에 기대어
◆ against the current  흐름에 역행하여
◆ lean against the wall  벽에 기대다

1018□ **prose**　명 산문

[prouz]

1019□ **conflict**　명 대립, 갈등, 투쟁　동 [kənflíkt] 싸우다, 대립하다

[kánflikt]　◆ become involved in conflicts 수능기출

갈등에 연루되다

1020□ **modern**　형 현대의, 요즈음의

[mádərn]　◆ modern ideas 현대 사상

1021□ **inhabit**　동 ~에 살다, 거주하다　명 inhabitant 주민

[inhǽbit]　◆ This neighborhood is inhabited by rich people.

이 동네에는 부자들이 살고 있다.

1022□ **minimize**　동 최소화하다 (↔ maximize 최대화하다)

[mínimàiz]　명형 minimum 최소(의), 최저(의) (↔ maximum)

◆ minimum wages 최저 임금

◆ minimize time spent shopping 수능기출

쇼핑 시간을 최소화하다

1023□ **disposable**　형 처분할 수 있는, 1회용의

[dispóuzəbl]　동 dispose 처분(처리)하다

명 disposal 처분, 처리

◆ the disposal of nuclear waste 핵 폐기물 처리

◆ disposable paper cup 1회용 종이컵

1024 □ **maximize** [동] 최대화하다

[mǽksimàiz] [명][형] maximum 최대(의), 최고(의)

◆ the **maximum** speed 최고 속도

1025 □ **legend** [명] 전설

[lédʒənd] [형] legendary 전설적인

◆ according to **legend** 전설에 따르면

◆ be nothing but a **legendary** person
전설적인 인물에 불과하다

1026 □ **warn** [동] 경고하다

[wɔːrn] [명] warning 경고, 주의(caution)

◆ **warn** of danger 위험을 경고하다

◆ a storm **warning** 태풍 경보

1027 □ **rush** [동] 돌진하다(dash), ~을 급하게 하다

[rʌʃ]

◆ **rush** to the scene of an accident
사고 현장으로 급히 가다

◆ **rush** one's work 서둘러 일을 하다
cf. rush hour 출퇴근 시간

1028 □ **entrance** [명] 입장, 입학, 출입구

[éntrəns] [동] enter 들어가다

◆ an **entrance** examination 입학 시험

◆ the main **entrance** to the building 그 건물의 정문

1029☐ **intent**
[intént]

명 의지, 의도(intention)
동 intend 의도하다, ~할 작정이다
형 intentional 고의적인
부 intentionally 고의로(on purpose)
◆ maintaining the original painter's intent 수능기출
원래 화가의 의도를 유지하기

1030☐ **surface**
[sə́:rfis]

명 표면 형 표면의
◆ the surface of the earth 지구의 표면

1031☐ **transform**
[trænsfɔ́:rm]

동 변형하다, 바꾸다
명 transformation 변형, 변화
◆ transform the music depending upon one's
own personal taste 수능기출
개인의 취향에 따라 음악을 변형하다

1032☐ **sword**
[sɔ:rd]

명 검, 무력
◆ The pen is mightier than the sword. 속담
펜은 칼보다 강하다.

1033☐ **bury**
[béri]

동 묻다(매장하다) 명 burial 매장, 장례식
◆ They buried him at sea. 그는 수장(水葬) 되었다.

1034☐ **phase** 똉 국면(aspect), 단계
[feiz] ◆ enter on a new phase 새로운 국면에 접어들다

1035☐ **certificate** 똉 증명서, 면허증, 수료증
[sərtífikit] 똉 [sərtífikeit] ~을 인증하다, ~에게 면허증을 주다
◆ a teacher's certificate 교원 자격증

1036☐ **overseas** 똉 해외의 똉 해외로
[òuvərsí:z] ◆ go overseas 해외로 가다

1037☐ **capture** 똉 ~을 붙잡다, 체포하다 똉 포획
[kǽptʃər] ◆ The police captured the pickpocket.
경찰은 소매치기를 체포했다.

1038☐ **merely** 똉 단지 똉 mere 단순한
[míərli] ◆ not merely A but (also) B   A뿐만 아니라 B도

1039☐ **insult** 똉 모욕 똉 [insʌ́lt] 모욕하다
[ínsʌlt] ◆ put up with a insult 모욕을 꾹 참다

1040☐ **grief** 똉 슬픔(sorrow)
[gri:f] 똉 grieve 슬퍼하다
◆ be in deep grief 깊은 슬픔에 젖어 있다

1041☐ **background** 	명 배경, 바탕

[bǽkgràund] 	◆ the historical background of a war

그 전쟁의 역사적 배경

1042☐ **current** 	형 현재의(present), 유행의 　명 흐름

[kə́ːrənt] 	명 currency 통화, 화폐

◆ current topics 오늘의 화제

1043☐ **commence** 	동 시작하다(begin), 개시하다 　명 commencement 시작

[kəméns] 	◆ commence the study of law 법률 공부를 시작하다

1044☐ **testimony** 	명 증거, 증언

[téstimòuni] 	◆ give false testimony 거짓 증언을 하다

1045☐ **forbid** 	동 금지하다(prohibit) 　형 forbidden 금지된

[fərbíd] 	◆ Playing with food was forbidden

음식을 가지고 노는 것은 금지되었다. 수능기출

1046☐ **tense** 	형 팽팽한, 긴장한 　명 tension 긴장

[tens] 	◆ a tense moment 긴장한 순간

1047☐ **charity** 	명 자선(단체) 　형 charitable 자비로운

[tʃǽriti] 	◆ a charity concert 자선 음악회

197

1048☐ **scheme**
[skiːm]

몡 계획(plan), 음모   동 ~을 계획하다
◆ adopt a scheme 계획을 채택하다
◆ a scheme for relieving housing shortage
주택난 완화 계획

1049☐ **union**
[júːnjən]

몡 결합, 조합, 연방
◆ labor union 노동 조합

1050☐ **float**
[flout]

동 뜨다, 떠돌다(drift)
◆ A cork floats on the water. 코르크는 물에 뜬다.
◆ An idea suddenly floated into my mind.
아이디어가 갑자기 떠올랐다.

1051☐ **defend**
[difénd]

동 방어하다(↔attack 공격하다)   몡 defense 방어
◆ legal defense 정당 방위
◆ Offense is the best defense.
공격은 최선의 방어이다.

1052☐ **below**
[bilóu]

분 아래에, 하위에
◆ the room below 아래 층의 방
◆ the court below 하급 법원

1053☐ **sanitary**
[sǽnitèri]

혱 위생의(hygienic)
◆ poor sanitary conditions 열악한 위생 상태

1054☐ **diligent** 휑 근면한(industrious)(↔lazy 게으른)

[dílidʒ(ə)nt] 몡 diligence 근면

◆ a diligent student 근면한 학생


1055☐ **imply** 됭 함축하다, 암시하다(suggest)

[implái] 몡 implication 연루, 포함

◆ Drama implies conflict. 갈등이 없는 곳에 연극은 없다.


1056☐ **smooth** 휑 매끄러운 튀 smoothly 매끈하게

[smuːð] ◆ The fabric is smooth to touch.
그 직물은 감촉이 매끄럽다.


1057☐ **dim** 휑 어둠침침한, 희미한

[dim] ◆ a dim room 어둠침침한 방
◆ a dim memory 희미한 기억


1058☐ **old-fashioned** 휑 시대에 뒤떨어진, 구식의(out of date)

[ouldfǽʃənd] ◆ The clothes are old-fashioned.
그 옷은 구식이다.


1059☐ **barely** 튀 겨우(가까스로), 거의 ~않다(hardly)

[béərli] 휑 bare 벌거벗은(naked)

◆ He could barely order his meal in French.
그는 가까스로 식사를 프랑스어로 주문할 수 있었다.

# *Check up* (34th–36th day)

## 1) 다음 영어는 우리말로, 우리말은 영어로 쓰시오.(1-14)

1. circumstance
2. transfer
3. competent
4. eliminate
5. mature
6. certificate
7. commence

8. 짐승
9. 습기
10. 비극
11. 전설
12. 표면
13. 증언
14. 모욕

## 2) 다음 빈 칸에 알맞은 단어를 쓰시오.(15-24)

15. _____ your seat belt, please. 안전벨트를 매주세요.
16. an English _____. 영어 숙제
17. an Olympic_____ 올림픽 선수
18. _____ facilities 오락시설
19. with the _____ eye 육안으로
20. a storm _____ 태풍 경보
21. a _____ concert 자선 음악회
22. labor_____ 노동조합
23. Offense is the best _____ 공격은 최선의 방어다.
24. _____ topics 오늘의 화제

정답 1.환경 2.옮기다 3.유능한 4.제거하다 5.성숙한 6.증명서 7.시작하다
8.beast 9.moisture 10.tragedy 11.legend 12.surface 13.testimony 14.insult
15.fasten 16.assignment 17.athlete 18.recreational 19.naked 20.warning
21.charity 22.union 23.defense 24.current

1060 □ **empty**
[émpti]

ⓗ 빈, 공허한
◆ an empty box 빈 상자
◆ empty labor 헛수고

1061 □ **heredity**
[hiréditi]

ⓜ 유전 ⓗ hereditary 유전의, 세습의
◆ hereditary diseases 유전 질환

1062 □ **bottom**
[bátəm]

ⓜ 아랫 부분, 바닥
◆ at the bottom of a hill 언덕의 기슭에

1063 □ **rational**
[ræʃən(ə)l]

ⓗ 합리적인(reasonable), 이성적인(↔ irrational 불합리한)
◆ Man is a rational animal.
　인간은 이성적인 동물이다.

1064 □ **primitive**
[prímitiv]

ⓗ 원시의, 초기의 ⓜ primitiveness 원시성
◆ the primitive times 원시 시대 수능기출

1065 □ **sight**
[sait]

ⓜ 시력, 시야, 풍경
◆ He fell in love with her at first sight
　그는 그녀에게 첫눈에 반했다.
◆ have good sight 시력이 좋다

1066□ **melt** [melt]

[동] 녹다

◆ Sugar **melts** in water. 설탕은 물에 녹는다.

◆ **melting** point 녹는 점

1067□ **sting** [stiŋ]

[동] 찌르다 [명] 침, 고통

◆ the **stings** of conscience 양심의 가책

1068□ **abide** [əbaid]

[동] 머무르다, 기다리다(wait for)

[명] abiding 영속적인(lasting)

◆ **abide by** a decision 결정에 따르다

◆ **abiding** friendship 변치않는 우정

1069□ **incident** [ínsidənt]

[명] 사건

◆ There was a shooting **incident** near here last night.
지난 밤 이 근처에서 총격 사건이 있었다.

1070□ **hurt** [həːrt]

[동] 다치게 하다(injure), 아프게 하다

◆ My new shoes **hurt**.
구두가 새 것이라 발이 아프다.

◆ I was seriously **hurt**. 중상을 입었다.

1071□ **victim** [víktim]

[명] 희생(자), 피해(자)

◆ war **victims** 전쟁 희생자들

◆ the flood **victims** 수재민들 [수능기출]

1072☐ **inferior**

[infíəriər]

혱 (~보다)열등한, 낮은(↔superior)

몡 inferiority 열등, 하위

◆ the inferior courts 하급 법원

◆ This novel of his is inferior to the previous one.
이번 그의 소설은 먼저 작품보다 못하다.


1073☐ **superior**

[supíəriər]

혱 (~보다)뛰어난, 상급의(↔ inferior)

몡 superiority 우월, 우위

◆ a superior official 상급 관리

◆ She is superior to him in speaking English.
그녀는 영어회화에 있어서 그보다 뛰어나다.


1074☐ **tomb**

[tuːm]

몡 무덤(grave)  동 매장하다(bury)

◆ tomb stone 묘비


1075☐ **applaud**

[əplɔ́ːd]

동 박수(갈채)를 보내다

몡 applause 박수갈채

◆ We applauded the actor.
우리는 그 배우에게 박수갈채를 보냈다.


1076☐ **impact**

[ímpækt]

몡 영향(influence), 충격

동 [impǽkt] 영향을 미치다, 격돌하다

◆ His death gave a great impact to the
political world.
그의 죽음은 정계에 큰 충격을 주었다.


203

1077☐ **sake**
[seik]

(명) 동기(motive), 이유(reason), 목적(purpose)

◆ for convenience' sake 편의상

1078☐ **arctic**
[áːrktik]

(형) 북극의(↔ antarctic 남극의)

◆ an arctic expedition 북극 탐험

1079☐ **moral**
[mɔ́ːrəl]

(형) 도덕적인 (↔ immoral 부도덕한) (명) 교훈, 도덕

(명) morality 도덕(성)

◆ moral consciousness 도덕 의식

1080☐ **valid**
[vǽlid]

(형) 유효한(effective), 타당한

◆ a contract valid for three years
3년간 법적으로 유효한 계약

1081☐ **haste**
[heist]

(명) 서두름, 신속

(동) hasten 서두르다

(형) hasty 서두르는

◆ More haste, less speed. 급할수록 천천히 `속담`

◆ haste away 급히 떠나다

1082☐ **dip**
[dip]

(동) (살짝)담그다, (물 등을)떠내다

◆ dip the bread in the milk 빵을 우유에 적시다

◆ I took the gourd, dipped some water and drank. `수능기출`
조롱박을 집어서 물을 조금 떠 마셨다.

204

1083 □ **president** [prézidənt]

[명] 대통령, 회장 [명] presidency (대통령의)직위, 임기

[형] presidential 대통령의

◆ vice-president 부통령, 부회장

1084 □ **fake** [feik]

[동] 날조하다, ~인 체하다(pretend)

◆ fake illness 아픈 체하다

◆ fake news 기사를 날조하다

1085 □ **expanse** [ikspǽns]

[명] 확장, 팽창

[형] expansible 확대할 수 있는, 넓혀지는

◆ a wide expanse of forest and field [수능기출]
넓게 펼쳐진 숲과 들판

1086 □ **ally** [əlái]

[동] 동맹(제휴)하다 [명] 동맹국, 연합국

[명] alliance 동맹, 결연

◆ be allied with ~와 동맹하고 있다

1087 □ **slender** [sléndər]

[형] 가느다란, 날씬한

◆ a slender girl 날씬한 소녀

1088 □ **surpass** [sərpǽs]

[동] ~을 능가하다, ~우월하다

[형] surpassing 우수한

◆ The sum total greatly surpassed my estimate.
총액은 나의 추산을 훨씬 초과했다.

**Day 38**

1089 □ **bone**
[boun]
명 뼈　형 bony 뼈가 앙상한
◆ cheek bones 광대뼈

1090 □ **elastic**
[ilǽstik]
형 탄력이 있는, 융통성 있는
◆ an elastic band 고무 밴드

1091 □ **royal**
[rɔ́iəl]
형 왕의, 위엄있는　명 royalty 왕권, 인세
◆ the royal crown 왕관 , the blood royal 왕족

1092 □ **hazard**
[hǽzərd]
명 위험(danger)　동 위험을 무릅쓰다
형 hazardous 위험한
◆ at all hazards 온갖 위험을 무릅쓰고

1093 □ **masterpiece**
[mǽstərpìːs]
명 걸작, 명작
◆ This picture is a masterpiece of Chagal.
이 그림은 샤갈의 걸작이다.

1094 □ **domestic**
[do(u)méstik]
형 가정의, 국내의
동 domesticate 길들이다
◆ domestic and foreign policies 국내외 정책
◆ domestic goods 국산품

1095 □ **fantastic** [형] 환상적인, 별난 [명] fantasy 공상, 환상

[fæntǽstik] ◆ a fantasy world 환상의 세계

1096 □ **acquire** [동] 얻다(gain)

[əkwáiər] [명] acquirement 습득, 취득, (pl)재능, 학식

◆ acquire a good reputation 명성을 얻다

1097 □ **component** [형] 구성하고 있는 [명] 구성 요소, 성분

[kəmpóunənt] ◆ What are the components of the chemical seasoning?

화학 조미료의 성분은 무엇입니까?

1098 □ **spill** [동] 엎지르다, 쏟다

[spil] ◆ It is no use crying over spilt milk. [속담]

엎지른 물은 다시 담을 수 없다.

1099 □ **paralyze(-se)** [동] 마비시키다

[pǽrəlàiz] [명] paralysis 마비

◆ be paralyzed in both legs 두 다리가 마비되다

1100 □ **speculate** [동] 사색하다, 투기하다

[spékjulèit] [명] speculation 사색, 투기 [명] speculator 투기꾼

◆ speculate in property 부동산 투기를 하다

◆ speculate about one's future 장래를 깊이 생각하다

1101☐ **solemn**
[sáləm]
- 형 엄숙한, 진지한  명 solemnity 엄숙, 장엄
- ◆ a solemn expression 진지한 표정
- ◆ a solemn ceremony 엄숙한 의식

1102☐ **bid**
[bid]
- 동 명령하다, 말하다
- ◆ bid farewell to ~에게 작별을 고하다

1103☐ **steep**
[sti:p]
- 형 가파른
- ◆ a steep grade 가파른 경사

1104☐ **conquer**
[káŋkər]
- 동 정복하다(↔ surrender 항복하다)
- 명 conquest 정복  명 conqueror 정복자
- ◆ conquer territories 영토를 정복하다

1105☐ **vote**
[vout]
- 명동 투표(하다), 선거(하다)  명 voter 투표자, 유권자
- ◆ a direct vote 직접 투표
- ◆ vote for (against) the candidate
  그 후보자에 대하여 찬성(반대) 표를 던지다

1106☐ **excuse**
[ikskjú:z]
- 동 용서하다, 변명하다
- 명 [iksjú:s] 변명(apology)
- ◆ Excuse me. 실례합니다.
- ◆ He excused his delay as due to the weather.
  그는 늦어진 것을 날씨 탓으로 변명했다.

208

1107☐ **warrant**
[wɔ́ːr(ə)nt]
명동 보증(하다)
◆ warrant quality 품질을 보증하다

1108☐ **glow**
[glou]
동 빛나다 명 (은은한)불빛
◆ the glow of the firelight 수능기출
벽난로의 은은한 불빛

1109☐ **treasure**
[tréʒər]
명 보물 동 소중히 하다
◆ national treasure 국보

1110☐ **insane**
[inséin]
형 미친(mad), 제 정신이 아닌
◆ He went insane. 그는 미쳐 버렸다.

1111☐ **cunning**
[kʌ́niŋ]
명 교활, 못된 꾀 형 교활한, 간사한
◆ as cunning as a fox 여우처럼 간사한

1112☐ **eccentric**
[ikséntrik]
형 (행동 따위가)별난, 괴상한 명 괴짜
◆ an eccentric conduct 괴상한 행동

1113☐ **overall**
[óuvərɔ̀ːl]
형 전부의, 전체적인 부 전체적으로
◆ the patient's overall physical condition 수능기출
환자의 전체적인 신체 상태
◆ an overall plan 종합적 계획

1114□ **vast**
[væst]

형 막대한(immense), 거대한(huge)
◆ vast sums of money 거액의 돈

1115□ **discard**
[diskáːrd]

동 버리다
◆ items that are meant to be used once and discarded 수능기출
한번 쓰고 버려지도록 되어있는 상품들

1116□ **potent**
[póut(ə)nt]

형 강력한, 유력한  명 potency 효능, 잠재력
◆ the potency of a drug 약의 효능
◆ potent drinks 독한 술

1117□ **cast**
[kæst]

동 (cast-cast-cast)던지다, 배역을 맡기다
◆ cast a stone at a person 남에게 돌을 던지다
◆ cast an actor for a play 연극의 배우를 뽑다

1118□ **mention**
[ménʃən]

동 말하다, 언급하다  명 언급, 진술
◆ Don't mention it. 천만에요
◆ Nobody mentioned anything to me about it.
누구도 그것에 대해 나에게 언급하지 않았다.

1119□ **emission**
[imíʃən]

명 방출  동 emit 방출하다
◆ $CO_2$ emission from residential heating 수능기출
주거용 난방으로부터의 $CO_2$ 방출

1120☐ **transparent** 톙 투명한, (의도 따위가) 빤히 보이는

[trænspɛ́ərənt] ◆ transparent glass 투명 유리

◆ a transparent excuse 빤히 들여다 보이는 변명

1121☐ **imitation** 톙 모방 툉 imitate 모방하다

[imitéiʃən] ◆ Children try to imitate their adults.

아이들은 어른들의 흉내를 내려고 한다.

1122☐ **sentence** 톙툉 선고(하다), 판결(하다), 문장

[séntəns] ◆ sentence a person to death

남에게 사형 선고를 내리다

1123☐ **duty** 톙 의무, 세금

[djúːti] 톙 dutiful 본분을 지키는

◆ a sense of duty 의무감

◆ free of duties 면세의

1124☐ **extent** 톙 범위, 정도(degree)

[ikstént] 툉 extend 뻗다, 확대(확장)하다

◆ to some extent 어느 정도까지

◆ extend the conversation 대화를 연장하다 수능기출

◆ extend a road 길을 확장하다

1125□ **murder** 명동 살인(하다) 명 murderer 살인자
[mə́:rdər] ◆ an attempted murder 살인 미수

1126□ **settle** 동 정착하다, 해결하다
[sétl] 명 settlement 정착(촌), 해결
◆ He settled himself in America.
그는 미국에 정착했다.
◆ settle difficulties 곤란을 해결하다

1127□ **appropriate** 형 적절한, 적당한(proper)
[əpróuprièit] ◆ an appropriate example 적절한 예

1128□ **plague** 명 전염병
[pleig] ◆ plague-stricken districts 전염병 지역

1129□ **declare** 동 선언(발표)하다
[diklέər] 명 declaration 선언
◆ the declaration of independence 독립 선언
◆ declare a state of emergency 비상사태를 선언하다

1130□ **starve** 동 굶주리다, 갈망하다(for) 명 starvation 기아
[stɑ:rv] ◆ starve for mother's love
어머니의 사랑에 굶주려 있다
◆ starve to death 굶어 죽다

1131☐ **standard**
[stǽndərd]

몡휑 표준(의), 모범(적인)

◆ come up to the standard 표준에 도달하다


1132☐ **vision**
[víʒən]

몡 시력, 통찰력, 환상

휑 visible 눈에 보이는, 명백한

◆ a man of vision 선견지명이 있는 사람

◆ have normal vision 시력이 정상이다


1133☐ **taboo**
[təbúː]

휑 금기(의)  됭 금하다

◆ break a taboo 금기를 깨다


1134☐ **straight**
[streit]

휑 똑바른  뷔 똑바로

◆ Go straight ahead. 똑바로 가라.


1135☐ **seek**
[siːk]

됭(seek-sought-sought) 찾다, 노력하다(to)

◆ seek to find an answer 해답을 찾으려고 노력하다

◆ He is seeking for employment.
그는 일자리를 찾고 있다.


1136☐ **emigrant**
[émigrənt]

몡 (자국에서 국외로) 이민(자)  휑 이주하는

(↔ immigrant(외국에서 이주 오는) 이민(자))

됭 emigrate 이주하다

◆ emigrants from Korea to Brazil
한국에서 브라질로 가는 이민들

213

1137☐ **efficient**
[iffʃənt]

📑 능률적인, 효율적인(↔ inefficient)

📑 efficiency 능률, 효율

◆ efficient heating equipment 효율적인 난방 설비


1138☐ **polish**
[páliʃ]

📑 광을 내다, 닦다

◆ polish shoes 구두 광을 내다


1139☐ **informal**
[infɔ́:rməl]

📑 비공식적인(↔ formal 공식적인)

◆ informal meeting 비공식 회담


1140☐ **deficient**
[difíʃənt]

📑 부족한, 불충분한(↔ sufficient 충분한)

📑 deficiency 부족

◆ She is deficient in common sense.
그녀는 몰상식하다.


1141☐ **talent**
[tǽlənt]

📑 재능   📑 talented 재능이 있는

◆ have a talent for painting 그림에 재능이 있다

◆ a talented musician 재능있는 음악가


1142☐ **equip**
[ikwíp]

📑 갖추다, 설비하다

📑 equipment 장비, 설비

◆ a building equipped as a hospital
병원으로서의 시설을 갖춘 건물

◆ be equipped with ~을 갖추고 있다

1143☐ **pioneer** 똉 개척자, 선구자 똉 개척하다

[pàiəníər]
◆ the pioneer spirit 개척자 정신

◆ pioneers in electronics 전자 공학의 선구자들

1144☐ **reinforce** 똉 강화하다, 보강(증강)하다

[rìːinfɔ́ːrs] 똉 reinforcement 강화

◆ reinforce a wall with mud
진흙으로 벽을 보강하다

1145☐ **repeat** 똉 반복하다

[ripíːt] 똉 repetition 반복

◆ Such a conduct must never be repeated.
이런 일로 되풀이해서는 안된다.

1146☐ **debt** 똉 빚, 은혜

[det]
◆ a national debt 국채

◆ owe a debt to ~에게 빚을 지다

1147☐ **savage** 똉 야만스러운, 미개한 똉 야만인

[sǽvidʒ]
◆ a savage country 미개국

1148☐ **mo(u)ld** 똉 틀, 형(型) 똉 틀에 넣어 만들다

[mould] 똉 molding 주조(물)

◆ mold a face in clay 점토로 사람의 얼굴을 만들다

215

# Check up (37th–39th day)

## 1) 다음 영어는 우리말로, 우리말은 영어로 쓰시오.(1-14)

| | |
|---|---|
| 1. applaud | 8. 유전 |
| 2. slender | 9. 사건 |
| 3. masterpiece | 10. 도덕성 |
| 4. acquire | 11. 대통령 |
| 5. conquer | 12. 보물 |
| 6. mention | 13. 모방 |
| 7. appropriate | 14. 전염병 |

## 2) 다음 빈 칸에 알맞은 단어를 쓰시오.(15-24)

| | |
|---|---|
| 15. the_____ times | 원시시대 |
| 16. _____ goods | 국산품 |
| 17. as _____ as a fox | 여우처럼 간사한 |
| 18. the_____ of a drug | 약의 효능 |
| 19. _____ glass | 투명 유리 |
| 20. free of _____ | 면세의 |
| 21. _____ to death | 굶어 죽다 |
| 22. _____ meeting | 비공식 회담 |
| 23. the _____ spirit | 개척자 정신 |
| 14. an attempted _____ | 살인 미수 |

---

### Speed Test

| | | | |
|---|---|---|---|
| resemble | 닮다(take after) | disappear | 사라지다(vanish) |
| edit | 편집하다(compile) | unfortunate | 불행한(unlucky) |
| indicate | 가리키다 | costly | 값비싼, 희생이 큰 |
| enjoy | 즐기다 | unless | 만약~하지 않으면 |
| absurd | 어리석은 | via | ~을 통해서 |
| consult | 상담(상의)하다 | extra | 여분의, 추가의 |

---

정답 1.박수를 보내다 2.날씬한 3.걸작 4.얻다 5.정복하다 6.말하다 7.적절한
8.heredity 9.incident 10.morality 11.president 12.treasure 13.imitation 14.plague
15.primitive 16.domestic 17.cunning 18.potency 19.transparent 20.duties
21.starve 22.informal 23.pioneer 24.murder

# Day 40

1149 □ **legal** [lí:gəl]

[형] 법률의, 합법적인(↔ illegal 불법의)

◆ a legal act 합법적 행위, legal knowledge 법률 지식

1150 □ **silent** [sáilənt]

[형] 조용한(calm) [명] silence 침묵

◆ silent as the grave 무덤처럼 조용한

1151 □ **precise** [prisáis]

[명] 정확한(↔ vague 애매한) [명] precision 정밀, 정확

◆ a precise amount 정확한 수량

◆ the precision of Huygens' clock [수능기출]
Huygens 시계의 정확성

1152 □ **nuclear** [n(j)ú:kliər]

[형] 핵의, 원자력의

◆ nuclear weapons 핵무기

◆ a nuclear energy plant 원자력 발전소

1153 □ **leap** [li:p]

[명] 도약하다, 껑충 뛰다(jump) [명] 도약, 뜀

◆ Look before you leap. [속담]
돌다리도 두드려 보고 건너라.

1154 □ **transient** [trǽnʃənt]

[형] 일시적인, 단기 체류의

◆ a transient emotion 일시적인 감정

1155□ **substance** 몡 물질, 본질
[sʌ́bstəns] 혱 substantial 상당한, 중요한
◆ chemical substances 화학 물질
◆ the substance of education 교육의 본질
◆ a substantial income 상당한 수입

1156□ **specimen** 몡 표본, 견본
[spésimin] ◆ specimen of butterflies 나비 표본
◆ a specimen copy of a new book
신간 서적의 견본

1157□ **drought** 몡 가뭄
[draut] 혱 droughty 건조한
◆ a serious drought 심한 가뭄

1158□ **vehicle** 몡 수송 수단, 탈 것, 매개물
[ví:ikl] ◆ public vehicle 대중교통 수단
◆ Music can be a vehicle for ideas.
음악은 사상의 전달 수단이 될 수 있다.

1159□ **comment** 몡동 논평(하다), 해설(하다)
[kámənt/kɔ́m-] 몡 commentary 주석, (pl) 실록
◆ No comment. 할 말이 없다.
◆ I suppose his criticism was fair comment.
내 생각에 그의 비판은 정당한 논평이었다.

218

1160□ **withdraw** 동 인출하다, 물러나다, 철회하다
[wiðdrɔ́ː] 명 withdrawal 탈퇴, 철회
  ◆ withdraw money from the bank
    돈을 은행에서 인출하다
  ◆ withdraw an offer 제안을 철회하다

1161□ **peninsula** 명 반도
[pənínsələ] ◆ the Korean peninsula 한반도

1162□ **vital** 형 생명의, 중대한, 활기찬 명 vitality 생명력, 활력
[váitl] ◆ a vital wound 치명상
  ◆ another vital factor 또 다른 중요한 요소 수능기출

1163□ **specialize** 동 전공하다, 전문화하다(in)
[spéʃəlàiz] ◆ specialize in economics 경제학을 전공하다

1164□ **generous** 형 너그러운, 아낌없는, 많은 명 generosity 관용
[dʒénərəs] ◆ He is generous in giving help.
    그는 아낌없이 원조를 제공한다.
  ◆ a generous amount of space 많은 공간

1165□ **growth** 명 성장 동 grow 성장하다, 재배하다
[grouθ] ◆ growth rate 성장률
    cf. grown-up 형 성장한 명 성인

1166☐ **base**
[beis]

몡 기초(basis), 토대, 기지
◆ be based on (upon) ~을 기반으로 하다
◆ an air base 공군 기지


1167☐ **desperate**
[déspərit]

몡 절망적인  동 despair 절망하다, 단념하다
몡 desperation 절망, 자포자기
◆ a desperate situation 절망적인 상황
◆ We despaired of success. 우리는 성공을 단념했다.


1168☐ **psychology**
[saikálədʒi]

몡 심리학  몡 psychologist 심리학자
몡 psychological 심리학의, 심리적인
◆ psychological effect 심리적 효과


1169☐ **function**
[fʌ́ŋkʃən]

동 기능을 하다, 작용하다  몡 기능, 함수
몡 functional 기능적인
◆ the function of the heart 심장의 기능


1170☐ **loyal**
[lɔ́i(ə)l]

몡 충성스러운, 성실한  몡 loyalty 충성, 성실
분 loyally 충실히
◆ a loyal husband 성실한 남편


1171☐ **fault**
[fɔːlt]

몡 잘못, 결점(defect)  몡 faulty 잘못된, 결함이 있는
◆ That is entirely my fault.
그것은 전적으로 내 잘못이다.

1172☐ **expose**
[ikspóuz]

㉐ 노출하다, 폭로하다(disclose)(↔conceal감추다)
㈅ exposure 폭로, 노출
㈅ exposition 박람회
◆ exposure to the sun 햇빛에 노출되는것 수능기출
◆ expose a plot 계획을 폭로하다

1173☐ **spicy**
[spáisi]

㉗ 양념을 한, 향료가 풍부한  ㈅ spice 양념

1174☐ **infinite**
[ínfinit]

㉗ 무한의(endless), 막대한  ㈅ infinity 무한, 무궁
◆ infinite stockpile of oil 막대한 석유의 저장량
◆ infinite gratitude 무한한 감사

1175☐ **outlook**
[áutlùk]

㈅ 전망, 경치, ~관(觀)
◆ have a pleasant outlook 전망이 좋다
◆ one's outlook on life 사람의 인생관

1176☐ **faith**
[feiθ]

㈅ 믿음, 신념(belief)
㉗ faithful 충실한, 성실한(sincere)
◆ unshaken faith 흔들리지 않는 신념
◆ a faithful public official 의무에 충실한 공무원

1177☐ **reliable**
[riláiəbl]

㉗ 믿을 만한, 확실한  ㈅ reliance 신뢰, 신용(trust)
㉐ rely 믿다, 의지하다(on)
◆ an information from a reliable source
    믿을 만한 소식통으로부터의 정보

221

# Day 41

1178☐ **shy**
[ʃai]
- 혱 수줍어하는, 부끄러워하는
- ◆ Don't be shy. 부끄러워하지 마라.

1179☐ **remindful**
[rimáindfəl]
- 혱 생각나게 하는(of)
- 동 remind 일깨우다, 생각나게 하다
- ◆ skill and artistry remindful of player like Bjom Borg 수능기출
  Bjom Borg 같은 선수를 연상케 하는 기술과 예술성

1180☐ **neglect**
[niglékt]
- 동 무시하다, 게을리하다
- ◆ neglect one's duty 의무를 게을리하다
- ◆ neglect one's heath 건강에 주의하지 않다

1181☐ **dull**
[dʌl]
- 혱 우둔한(foolish), 무딘(↔ sharp 예리한)
- ◆ a dull knife 무딘 칼

1182☐ **detect**
[ditékt]
- 동 발견(탐지)하다
- 명혱 detective 탐정(의)
- 명 detector 탐지기
- ◆ a detective story 탐정 소설
- ◆ to detect such dangerous diseases as cancer
  암과 같은 위험한 질병을 발견해내기 위해 수능기출

222

183□ **garage** 뗑 차고, 자동차 정비소
[gərάːʒ]
◆ put a car into a garage 차를 차고에 넣다

1184□ **triumph** 뗑 승리(victory)
[trάiəmf] 뗑 triumphant 승리한, 의기양양한
◆ a triumphant general 개선 장군

1185□ **register** 뗑동 등록(하다), 등기(하다), 명부
[rédʒistər] 뗑 registration 등록, 등기
◆ a registered letter 등기 우편물

1186□ **extract** 동 뽑다, 추출하다 뗑 [ékstrækt] 추출물, 발췌
[ikstrǽkt]
◆ extract a decayed tooth 충치를 뽑다
◆ extract the juice from a fruit 과일에서 즙을 짜내다

1187□ **fortune** 뗑 행운(↔misfortune 불운), 운, 재산
[fɔ́ːrtʃ(ə)n] 뗑 fortunate 운 좋은 빗 fortunately 다행히
◆ have the good fortune 운이 좋다 수능기출
◆ a man of fortune 재산가, a fortune-teller 점쟁이

1188□ **artificial** 뗑 인공의, 인조의(↔natural 천연의)
[ὰːrtifíʃəl] 빗 artificially 인공적으로
◆ artificial flowers 조화
◆ an artificial satellite 인공 위성

223

1189☐ **liquid**
[líkwid]

명형 액체(의)
◆ liquid fuel 액체 연료

1190☐ **raise**
[reiz]

동 올리다, 기르다, 모금하다
◆ raise a subscription 기부금을 모금하다
◆ raise various kinds of roses
여러 종류의 장미를 재배하다

1191☐ **margin**
[máːrdʒin]

형 가장자리(edge), 여백, 판매 수익
◆ leave a margin 여백을 남기다
◆ by a narrow margin 간신히

1192☐ **gloomy**
[glúːmi]

형 어두운(dark), 우울한
명동 gloom 어둠, 우울, 어두워지다, 우울해지다
◆ He looks gloomy about his life.
그는 그의 인생에 대해 비관하는 것 같다.

1193☐ **concise**
[kənsáis]

형 간결한
◆ clear and concise instructions
명확하고 간결한 지시

1194☐ **vertical**
[vɔ́ːrtikəl]

형 수직의(perpendicular) (↔horizontal 수평의)
◆ a vertical motion 상하 운동

1195☐ **radical**
[rǽdikəl]
(형) 근본적인, 급진적인 (명) 급진주의자
◆ a radical difference 근본적인 차이점
◆ We need radical change.
우리는 급진적인 변화가 필요하다.

1196☐ **fertile**
[fɔ́:rt(ə)l]
(형) 비옥한(↔ barren 불모의), 다산의
(명) fertilizer 비료 (동) fertilize 비옥하게 하다
◆ fertile soil 비옥한 토양

1197☐ **expel**
[ikspél]
(동) 추방하다, 제명하다(from)
(명) expulsion 추방, 배제
◆ He was expelled from the school.
그는 퇴학 당했다.

1198☐ **pavement**
[péivmənt]
(명) 포장 도로(paved road), 인도(sidewalk)
(동) pave(도로를)포장하다
◆ pave a road with asphalt
아스팔트로 도로를 포장하다

1199☐ **sob**
[sɑb]
(동) 흐느껴 울다
◆ sob oneself to sleep 흐느껴 울다가 잠들어 버리다

1200☐ **pharmacy**
[fɑ́:rməsi]
(명) 약국(drugstore), 조제술

1201☐ **fascinate**
[fǽsinèit]

- 동 매혹하다
- 명 fascination 매혹, 매력
- 형 fascinating 매혹적인
- ◆ I was fascinated by the sight.
  그 광경에 황홀해졌다.

1202☐ **organ**
[ɔ́:rgən]

- 형 (생물의/정치적)기관
- 명 organism 유기체, 생물
- 형 organic 유기적인, 장기의
- ◆ the organs of government 행정 기관
- ◆ an organ transplant 장기 이식

1203☐ **ancestor**
[ǽnsestər]

- 명 조상, 선조(forefather)(↔descendant 후손)
- ◆ ancestor worship 조상 숭배

1204☐ **hardship**
[há:rdʃìp]

- 명 고난
- ◆ go through many hardships 수많은 고초를 겪다

1205☐ **reap**
[ri:p]

- 동 수확하다(harvest)(↔ sow 씨를 뿌리다)
- ◆ reap grain 곡물을 수확하다
- ◆ reap large profits 큰 이익을 얻다

1206☐ **symmetry**
[símitri]

- 명 대칭, 균형
- 형 symmetrical 대칭적인, 균형이 잡힌

1207☐ **stare**
[stɛər]

동 응시하다, 빤히 쳐다보다(at)

◆ stare at computer screens 수능기출
컴퓨터 화면을 응시하다


1208☐ **reasonable**
[ríːznəbl]

형 합리적인

명 reason 이유, 근거, 이성  동 추론하다

◆ a reasonable choice 합리적인 선택

◆ The price is reasonable. 가격이 합당하다.


1209☐ **sympathy**
[símpəθi]

명 동정, 연민, 공감(↔ antipathy 반감)

형 sympathetic 동정심이 있는, 공감하는

동 sympathize 동정하다, 공감하다

◆ Poetry moves us to sympathize with the
emotions of the poet. 수능기출
시는 시인의 감정에 공감케 하여 우리를 감동시킨다.


1210☐ **drown**
[draun]

동 물에 빠지다, 익사하다

◆ A drowning man will catch at a straw. 속담
물에 빠진 사람은 지푸라기라도 잡는다.


1211☐ **crew**
[kruː]

명 승무원, 선원

◆ a train crew 열차 승무원

1212 □ **reject** [ridʒékt]

[동] 거절(거부)하다(turn down)

[명] rejection 거절, 폐기(물)

◆ He rejected my help. 그는 내 도움을 거절했다.

1213 □ **gradually** [grǽdʒuəli]

[부] 차츰, 서서히

[형] gradual 점차적인

◆ the gradual increase in the cost of living
차츰 늘어나는 생활비

1214 □ **horizon** [həráizn]

[명] 수평선, 지평선

[형] horizontal 수평선의, 지평선의

◆ beyond the horizon 수평선 너머로

1215 □ **content** [kántent]

[명] (pl)내용, 목차

[형] [kəntént] 만족하는 [명][동] 만족(시키다)

◆ a table of contents 목차

◆ verbal content 말의 내용 [수능기출]

◆ He had to be content with third place.
그는 3위에 만족해야 했다.

1216 □ **instrument** [ínstrumənt]

[명] 기구, 악기

[형] instrumental 악기의, 기구의

◆ medical instruments 의료 기구

◆ a traditional Korean musical instrument [수능기출]
한국 전통 악기

1217☐ **finance**
[fáinæns]
명 재정 동 융자하다 형 financial 재정의
◆ a financial aid to a developing country
개발 도상국에 대한 재정 원조

1218☐ **rumor**
[rú:mər]
명 소문, 유언비어 동 소문을 내다
◆ a groundless rumor 근거없는 소문

1219☐ **thorough**
[θə́:ro(u)]
형 철저한 부 thoroughly 철저하게
◆ a thorough checkup 철저한 검사

1220☐ **mutual**
[mjú:tʃuəl]
형 상호의, 공동의
◆ mutual understanding 상호 이해

1221☐ **genius**
[dʒíːnjəs]
명 천재
◆ a mathematical genius 수학 천재

1222☐ **accurate**
[ǽkjurit]
형 정확한 명 accuracy 정확(성)
◆ to be accurate 정확히 말하자면
◆ accurate time 정확한 시간 수능기출

1223☐ **tight**
[tait]
형 단단한, 꽉 찬, 꼭 끼는 부 tightly
◆ I have a tight schedule. 예정이 꽉 차 있다.
◆ a tight fit 너무 꼭 끼는 옷

229

1224☐ **adequate**
[ǽdikwit]

혱 적당한, 충분한(sufficient)

몡 adequately 적당히, 충분히

◆ an adequate supply of food 식량의 충분한 공급

◆ She isn't adequate for the task.
그녀는 그 일에 적임이 아니다.


1225☐ **mortal**
[mɔ́ːrtl]

혱 죽을 운명의(↔ immortal 불멸의)

몡 mortality 죽을 운명

◆ a mortal wound 치명상

◆ the infant mortality rate 영아 사망률


1226☐ **envelope**
[énvəlòup]

몡 봉투   동 [envéləp] 감싸다, 동봉하다

◆ a letter envelope 편지 봉투

◆ Clouds enveloped the mountain tops.
구름이 산 정상을 감싸고 있었다.


1227☐ **exhaust**
[igzɔ́ːst]

동 다 써버리다, 고갈시키다

혱 exhausted 다 써버린, 지친   몡 exhaustion 고갈, 소모

◆ The stock is nearly exhausted.
재고가 거의 바닥이 났다.

◆ feel quite exhausted 몹시 지치다


1228☐ **tender**
[téndər]

혱 부드러운(↔ tough 억센), 다정한, 연한

◆ a tender skin 부드러운 피부

◆ a tender color 연한 색

1229□ **repel**    동 쫓아버리다, 혐오감을 주다

[ripél]    형명 repellent 불쾌한, 싫은, 구충제

◆ repel a temptation 유혹을 뿌리치다

1230□ **mood**    명 기분, 분위기   형 moody 변덕스러운, 침울한

[muːd]    ◆ a dreamy mood 꿈꾸듯 황홀한 기분

1231□ **lay**    동 (lay-laid-laid) 놓다, 낳다

[lei]    ◆ lay a book on a desk 책을 책상 위에 놓다

◆ lay eggs 알을 낳다

1232□ **accustomed**    형 익숙한   동 accustom 익숙하게 하다, 습관을 들이다

[əkʌ́stəmd]    ◆ be accustomed to ~ing ~에 익숙해지다

◆ People are accustomed to using blankets to make themselves warm. 수능기출

사람들은 자신을 따뜻하기 위해 담요를 사용하는 것에 익숙해져 있다.

1233□ **heritage**    명 유산

[héritidʒ]    형 heritable 상속할 수 있는

◆ cultural heritage 문화 유산

1234□ **abdominal**    형 복부의

[æbdámin(ə)l]    ◆ an abdominal operation 개복 수술

# Check up (40th~42nd day)

## 1) 다음 영어는 우리말로, 우리말은 영어로 쓰시오.(1~14)

1. precise
2. peninsula
3. desperate
4. expel
5. fascinate
6. thorough
7. adequate

8. 가뭄
9. 신념
10. 차고
11. 간결한
12. 비옥한
13. 동정
14. 수평선

## 2) 다음 빈 칸에 알맞은 단어를 쓰시오.(15~24)

15. a _____ energy plant 　원자력 발전소
16. _____ of butterflies 　나비 표본
17. a train _____ 　열차 승무원
18. a table of _____ 　목차
19. a letter _____ 　편지 봉투
20. the _____ of education 　교육의 본질
21. public _____ 　대중 교통수단
22. a _____ wound 　치명상
23. culture _____ 　문화유산
24. the _____ of the heart 　심장의 기능

### Speed Test

| | | | |
|---|---|---|---|
| proud | 자랑스러운 | excited | 흥분한 |
| nevertheless | 그럼에도 불구하고 | domestic | 국내의, 가정의 |
| sorrowful | 슬픈 | candidate | 후보자, 지원자 |
| departure | 출발 | appointment | 약속 |
| funny | 우스운 | flatter | 아첨하다 |
| arrogant | 거만한 | immediately | 곧바로, 즉시 |

정답 1. 정확한 2.반도 3.절망적인 4.추방하다 5.매혹하다 6.철저한 7.적당한
8.drought 9.faith 10.garage 11.concise 12.fertile 13.sympathy 14.horizon
15.nuclear 16.specimen 17.crew 18.contents 19.envelope 20.substance
21.vehicle 22.vital 23.heritage 24.function

232

# Day 43

1235 □ **modest** [mάdist]

[형] 겸손한, 수수한 [명] modesty 겸손

◆ a modest little house 수수하고 작은 집

◆ stay modest 겸손을 유지하다 [수능기출]

1236 □ **charming** [tʃά:rmiŋ]

[형] 매력적인 [명][동] charm 매력, 황홀하게 하다

◆ undeniably charming [수능기출] 더할 나위 없이 매혹적인

1237 □ **across** [əkrɔ́:s]

[전] 가로질러서, 맞은편에

◆ swim across a river 강을 가로질러 헤엄치다

◆ live across a lake 호수 건너편에 살고 있다

1238 □ **panic** [pǽnik]

[명] 공황 [동] 공황을 일으키다

◆ They were in a state of panic 그들은 공황 상태에 있었다.

◆ a financial panic 금융 공황

1239 □ **adhere** [ədhíər]

[동] 들러붙다, 고수하다 (to)

[형] adherent 점착성의, 고수하는

[명] adherence 고수, 점착(adhesion)

[형][명] adhesive 점착성의, 접착제

◆ adhere to a plan 계획을 고수하다

1240 □ **cease** [동] 그치다, 중지하다
[siːs]
◆It has **ceased** raining. 비가 그쳤다.
◆**Cease** fire! 사격 중지!

1241 □ **enthusiastic** [형] 열렬한(ardent), 열광적인
[inθùːziǽstik] [명] enthusiasm 열광
◆an **enthusiastic** football fan 열광적인 축구 팬

1242 □ **diplomatic** [형] 외교(관)의, 외교적인
[dìpləmǽtik] [명] diplomacy 외교(술) [명] diplomat 외교관
◆a **diplomatic** break 외교 단절

1243 □ **kingdom** [명] 왕국, 영역
[kíŋdəm]
◆the animal **kingdom** 동물계
◆the **Kingdom** of Sweden 스웨덴 왕국

1243 □ **solid** [형] 고체의, 단단한 [명] 고체(↔ liquid 액체)
[sálid]
◆a man of **solid** frame 체격이 건장한 사람

1245 □ **boast** [동] 자랑하다, 뽐내다 [명] 자랑
[boust] [형] boastful 자랑하는
◆He **boasts** too much. 그는 자랑이 지나치다.
◆He **boasted** himself an artist.
그는 예술가라고 자랑했다.

1246□ **manner** 몡 방법(method), 예절, 태도
[mǽnər]
◆ table manners 식사 예절
◆ an arrogant manner 거만한 태도

1247□ **trace** 몡 자취, 자국  통 추적하다
[treis]
◆ The war has left its trace everywhere.
전쟁은 그 흔적을 도처에 남겼다.

1248□ **marine** 혱 바다의  몡 해병대원
[mərí:n]
◆ marine products 해산물

1249□ **hobby** 몡 취미
[hǽbi]
◆ His hobby is traveling. 그의 취미는 여행이다.

1250□ **output** 몡 생산(량)
[áutpùt]
◆ the daily output of automobiles
자동차의 일일 생산량

1251□ **moderate** 혱 알맞은, 보통인
[mάdərit]
통[mάdərèit] 적당하게 만들다, 완화하다
봄 moderately 알맞게
몡 moderation 중용, 알맞음
◆ a moderate drinker 주량이 적당한 사람
◆ moderate ability 보통의 능력

1252☐ **resemble**
[rizémbl]
동 ~을 닮다　명 resemblance 유사(점)
◆ She closely resembles her sister.
그녀는 언니와 매우 닮았다.

1253☐ **procedure**
[pro(u)sí:dʒər]
명 진행, 수속
◆ legal procedure 소송 절차
◆ the entrance procedure 입학 수속

1254☐ **vocation**
[vo(u)kéiʃ(ə)n]
명 직업　형 vocational 직업의
◆ vocational aptitude test 직업 적성 검사

1255☐ **terminate**
[tə́:rminèit]
동 종결시키다　형 유한의
명형 terminal 종말(의), 종점(의), 터미널
형 termination 종료, 만기
◆ terminate a contract 계약을 종결시키다

1256☐ **merchant**
[mə́:rtʃənt]
명 상인(dealer)
명동 merchandise 상품(goods), 거래하다
◆ a wholesale merchant 도매상인
◆ general merchandise 잡화

1257☐ **theory**
[θí:əri]
명 이론(↔ practice 실천)
형 theoretical 이론적인
◆ theory and practice 이론과 실제

236

258☐ **community**  명 사회, 공동체

[kəmjúːniti]  ◆ the local community 지역 사회

259☐ **shoot**  동 ~을 쏘다, 싹트다

[ʃuːt]  ◆ shoot an arrow into the air 공중으로 화살을 쏘다

◆ The leaves have begun to shoot forth.
나뭇잎의 새싹이 돋기 시작했다.

1260☐ **digestion**  명 소화(작용)  동 digest 소화하다

[daidʒéstʃən]  형명 digestive 소화의, 소화제

◆ the digestive system 소화 계통

1261☐ **rank**  명 열, 계급, 지위  동 정렬시키다, 분류하다

[ræŋk]  ◆ men of all ranks and classes 각계 각층의 사람들

◆ rank students according to their height
학생들을 키 순으로 줄 세우다

1262☐ **stable**  형 안정된  명 stability 안정(성)

[stéibl]  동 stabilize 안정시키다

◆ a stable position 안정된 지위

1263☐ **detach**  동 떼어내다, 파견하다(↔ attach 붙이다)

[ditǽtʃ]  형 detached 떨어진

◆ a detached house 외딴 집

**1264**☐ **terrific**
[tərífik]

- 형 무서운, 굉장한
- 동 terrify 무섭게 하다
- ◆ at a terrific speed 굉장한 속력으로


**1265**☐ **outrage**
[áutrèidʒ]

- 명 동 분노(하게 하다), 분노하게 하는 행위
- 형 outrageous 매우 충격적인, 받아들일 수 없는
- ◆ cause public outrage 대중의 분노를 야기하다


**1266**☐ **debate**
[dibéit]

- 명 동 토론(하다), 논쟁(하다)
- ◆ a TV debate 텔레비전 토론회


**1267**☐ **melancholy**
[mélənkàli]

- 형 우울한 명 우울(증)
- ◆ a melancholy mood 우울한 기분


**1268**☐ **tax**
[tæks]

- 명 동 세금(을 부과하다)
- 명 taxation 과세
- ◆ an income tax 소득세


**1269**☐ **startle**
[stáːrtl]

- 동 깜짝 놀라게 하다
- ◆ He was startled at the sight.
  그는 그 광경에 깜짝 놀랐다.

1270 □ **exert** [동] 노력하다, 발휘하다 [명] exertion 노력(effort)

[igzə́:rt]

- exert skill 솜씨를 발휘하다
- exert oneself 노력하다
- He exerted himself to finish the work.
  그는 그 일을 끝내기 위해 노력했다.

1271 □ **principal** [형] 주요한(chief) [명] 교장, 장(長)

[prínsip(ə)l]

- the principal actress 주연 여배우

1272 □ **architecture** [명] 건축(술), 건축학 [명] architect 건축가

[ɑ́:rkitèktʃər]

1273 □ **sincerely** [부] 성실히, 진심으로

[sinsíərli]

1274 □ **remote** [형] 멀리 떨어진, 외딴

[rimóut]

- remote from any place of habitation
  인가에서 멀리 떨어진
- remote control 리모콘

1275 □ **satellite** [명] 위성 [형] satellitic 위성의

[sǽt(ə)làit]

- launch a satellite 인공 위성을 발사하다

1276 □ **strain** [명] 압박, 긴장 [동] 잡아당기다, 긴장시키다

[strein]

- break down under the strain 긴장하여 쓰러지다

**1277** □ **arrange** 통 정돈하다, 정하다, 준비하다
[əréindʒ] 명 arrangement 정돈, 배열, 준비
- arrange books on a bookshelf
  책을 책꽂이에 정리하다
- arrange an appointment 약속을 정하다

**1278** □ **intimate** 형 친밀한
[íntimit] - an intimate gathering 친목회

**1279** □ **constitute** 통 구성(설립)하다
[kánstitjùːt] 명 constitution 구성, 헌법
- a written constitution 성문 헌법
- constitute an acting committee
  임시 위원회를 설치하다

**1280** □ **proper** 형 적절한, 알맞은 분 properly
[prápər] - take proper measures 적절한 조치를 취하다

**1281** □ **investigate** 통 조사하다, 연구하다 명 investigation
[invéstigèit] 명 investigator 조사자, 연구자
- investigate a murder case 살인 사건을 조사하다 수능기출

**1282** □ **hospitality** 명 환대 형 hospitable 환대하는
[hàspitǽliti] - a hospitable reception 환대

1283☐ **intelligence** 몡 지성, 지능 휑 intelligent 지적인, 총명한

[intélidʒ(ə)ns] ◆ outstanding intelligence 뛰어난 지능

1284☐ **mystery** 몡 신비, 불가사의

[místəri] 휑 mysterious 신비한, 불가사의한

◆ the mystery of nature 자연의 신비

1285☐ **bit** 몡 작은 조각 뷔 조금

[bit] ◆ a bit of 한조각의, Wait a bit. 잠깐 기다려.

1286☐ **dentist** 몡 치과 의사 휑 dental 치과의, 이의

[déntist]

1287☐ **rage** 몡 격노, 분노(fury) 동 격노하다

[reidʒ] ◆ His voice was shaking with rage.

그의 목소리는 분노로 떨리고 있었다.

1288☐ **ray** 몡 광선, 한줄기

[rei] ◆ a ray of hope 한 가닥의 희망

1289☐ **combat** 몡 전투, 투쟁(strife) 동 싸우다(fight)

[kámbæt] ◆ combat for freedom of speech

언론의 자유를 위해 싸우다

◆ a combat plane 전투기

241

1290☐ **restrict**
[ristríkt]
동 제한(한정)하다
명 restriction 제한, 한정
형 restricted 제한된, 한정된
◆ be restricted within narrow limits
좁은 범위에 한하다
◆ The speed is restricted to 30 kilometers
an hour here.
여기서 속도는 시속 30 킬로로 제한되어 있다.

1291☐ **contaminate**
[kəntǽminèit]
동 오염시키다(pollute)
◆ the atmosphere contaminated by radioactivity
방사능으로 오염된 대기

1292☐ **intensive**
[inténsiv]
형 강한, 집중적인
◆ undergo intensive training 집중적인 훈련을 받다
◆ an intensive investigation 철저한 조사

1293☐ **profound**
[prəfáund]
형 깊은(deep), 심오한
◆ What they seek is not so much profound
knowledge as quick information. 수능기출
그들이 찾는 것은 심오한 지식이라기보다는 빠른 정보이다.

1294☐ **ripe**
[raip]
형 익은(↔raw 날것의)
◆ Soon ripe, soon rotten. 속담
빨리 익으면 빨리 썩는다.

1295□ **exotic**
[igzátik]
- 형 이국적인, 외래의  명 외래품
- ◆ exotic music 이국적인 음악

1296□ **florist**
[flɔ́(:)rist]
- 명 꽃 재배자, 꽃집
- ◆ drop at the florist on the way to school
  학교 가는 길에 꽃집에 들리다

1297□ **literature**
[lít(ə)ritʃər]
- 명 문학  형 literary 문학의, 문예의
- ◆ literary works 문학 작품
- ◆ English literature 영문학

1298□ **modify**
[mádifài]
- 동 바꾸다, 수정하다
- ◆ modify the terms of payment 지불 조건을 수정하다
- ◆ genetically modified organism 유전자 변형 생물체

1299□ **approximately**  부 대략
[əpráksimitli]
- 형동 approximate 대략의, 근사한, ~에 가까워지다
- 명 approximation 접근, 어림셈
- ◆ approximate cost 대략의 비용
- ◆ approximate value 근사치
- ◆ His account approximated to the truth.
  그의 이야기는 진실에 가깝다

1300☐ **ahead**
[əhéd]

(부) 미리, 앞서서(in advance)

◆ be ahead of the times 시대에 앞서다

1301☐ **glance**
[glæns]

(동) 힐끗 보다(at)  (명) 힐끗 보기

◆ glance up at the clock 수능기출
시계를 힐끗 올려다 보다

1302☐ **miracle**
[mírəkl]

(명) 기적

◆ to a miracle 기적적으로

1303☐ **sail**
[seil]

(명) 돛  (동) 항해하다

◆ The ship is sailing along. 그 배는 항해중이다.

1304☐ **magnify**
[mǽgnifài]

(동) 확대(과장)하다  (명) magnification 확대, 과장

◆ magnifying glass 돋보기

1305☐ **adventure**
[ədvéntʃər]

(명) 모험

◆ a story of adventure 모험담

1306☐ **furnish**
[fə́:rniʃ]

(동) 공급하다, 비치하다  (형) furnished 가구가 비치된
(명) furniture 가구, 비품

◆ furnish a room with an air conditioner
방에 냉방 장치를 설치하다

1307□ **gamble**
[gǽmbl]
명동 도박(하다) 명 gambler 도박꾼

1308□ **alert**
[ələ́ːrt]
형 빈틈없는, 기민한 명 경계, 공습 경보
◆ be alert to the changes of traffic signals
교통 신호의 변화에 주의하다

1309□ **fate**
[feit]
명 운명 형 fatal 치명적인(deadly), 운명의
◆ a tragic fate 비극적 운명

1310□ **leather**
[léðər]
명 가죽
◆ a leather jacket 가죽 재킷

1311□ **tolerate**
[tálərèit]
동 참다, 너그럽게 봐주다
형 tolerable 참을 수 있는 형 tolerant 관대한
◆ I couldn't tolerate his dishonesty.
나는 그의 부정직함을 참을 수 없었다.
◆ That school does not tolerate students who
are consistently late.
저 학교는 지속적으로 지각하는 학생을 봐주지 않는다.

1312□ **fuel**
[fjúːəl]
명 연료 동 연료를 공급하다
◆ fuel injection 연료 주입
◆ fueled by a lifelong love of literature 수능기출
문학에 대한 평생의 애정에 힘입어

245

1313☐ **eruption** 몡 폭발, 분출  동 erupt 폭발하다, 분출하다
[irʌ́pʃən]  혱 eruptive 폭발하는
◆ the eruption of a volcano 화산 폭발

1314☐ **scold** 동 꾸짖다
[skould]  ◆ He was scolded for being late.
그는 지각해서 야단을 맞았다.

1315☐ **destiny** 몡 운명(fate)
[déstini]  동 destine ~할 운명이다(be destined to)
◆ wonder if literary fiction is destined to become
an old-fashioned genre 수능기출
문학 소설이 구식의 장르가 될 운명이 아닌가 생각하다

1316☐ **temperature** 몡 온도
[témp(ə)ritʃər]  ◆ take one's temperature 체온을 재다

1317☐ **farewell** 몡 작별 인사
[fɛ̀ərwél]  ◆ a farewell party 송별회

1318☐ **institute** 동 설립하다(establish)  몡 협회
[ínstitjù:t]  몡 institution 협회, 기관
◆ an educational institution 교육 기관
◆ an art institute 미술 협회

1319☐ **loan** 똉똉 대출(하다)

[loun] ◆ school expense loan 학자금 대출


1320☐ **castle** 똉 성(城)

[kǽsl] ◆ a castle in the air 공중누각,공상


1321☐ **drag** 똉 끌다

[dræg] ◆ She dragged the heavy trunk.
그녀는 무거운 트렁크를 질질 끌었다.


1322☐ **superficial** 똉 피상적인, 표면의

[sù:pərfíʃəl] ◆ a superficial wound 외상(外傷)


1323☐ **destination** 똉 목적지

[dèstinéiʃən] ◆ arrive at one's destination 목적지에 도달하다


1324☐ **greed** 똉 탐욕, 욕심

[gri:d] 똉 greedy 욕심이 많은
◆ greed for money 금전욕


1325☐ **arrest** 똉똉 체포(하다)

[ərést] ◆ He is under house arrest. 그는 자택 연금 중이다.
◆ arrest a person for murder 살인 혐의로 체포하다

# Check up (43rd-45th day)

## 1) 다음 영어는 우리말로, 우리말은 영어로 쓰시오.(1-14)

1. modest
2. moderate
3. terminate
4. stable
5. melancholy
6. principle
7. investigate

8. 자랑(하다)
9. 취미
10. 직업
11. 이론
12. 소화
13. 신비
14. 모험

## 2) 다음 빈 칸에 알맞은 단어를 쓰시오.(15-24)

15. a financial _____ 　　　금융 공황
16. an _____ football fan　열광적인 축구팬
17. the daily_____ of automobiles 자동차 일일 생산량
18. general _____ 　　　잡화
19. an income _____ 　　소득세
20. remote _____ 　　　리모콘
21. an_____ gathering　　친목회
22. a _____ party 　　　송별회
23. school expense_____ 　학자금 대출
24. the entrance _____ 　입학 수속

---

### Speed Test

| | | | |
|---|---|---|---|
| automatic | 자동의 | succeed | 성공하다, 계승하다 |
| complex | 복잡한 | transfer | 옮기다 |
| obvious | 명백한 | previous | 이전의 |
| resort | 휴양지, 리조트 | advertise | 광고하다 |
| abuse | 남용(하다) | excuse | 용서하다 |
| consume | 소비하다 | address | 주소, 연설(하다) |

정답 1.겸손한 2.알맞은 3.종결시키다 4.안정된 5.우울한 6.주요한 7.조사하다 8.boast
9.hobby 10.vocation 11.theory 12.digestion 13.mystery 14.adventure 15.panic
16.enthusiastic 17.output 18.merchandise 19.tax 20.control 21.intimate
22.farewell 23.loan 24.procedure

1326 □ **solar**

[sóulər]

형 태양의(↔ lunar 달의)

◆ solar energy 태양 에너지

◆ the solar eclipse 일식

---

1327 □ **lease**

[liːs]

명 임대차 계약　동 임대하다

◆ leased apartment 임대 아파트

---

1328 □ **correspond**

[kɔ̀ːrispánd]

동 일치하다, 상응하다, 편지 왕래를 하다

형 correspondent 일치하는, 상응하는

명 correspondence 일치, 통신

◆ His words and actions do not correspond.
그의 말과 행동은 일치하지 않는다.

◆ We rarely meet, though we correspond regularly.
우리는 규칙적으로 편지를 주고받지만 좀처럼 만나지는 못한다.

---

1329 □ **saw**

[sɔː]

명 톱　동 톱질하다

◆ cut a tree with a saw 톱으로 나무를 자르다

---

1330 □ **luxury**

[lʌ́kʃəri]

명 사치(품)(↔ necessity 필수품)

형 luxurious 사치스러운, 호화로운

◆ a luxurious hotel 호화로운 호텔

◆ a luxury liner 호화 여객선

1331 □ **trim** [trim]

[동] 다듬다

◆ **trim** one's waistline 허리선을 가꾸다 [수능기출]

1332 □ **react** [riǽkt]

[동] 반응(반작용)하다 [형] reactive 반응을 나타내는

[명] reaction 반작용, 반응

◆ action and **reaction** 작용과 반작용

◆ They **reacted** violently to the news.
그들은 그 소식에 격렬하게 반응했다.

1333 □ **log** [lɔːg]

[명] 통나무, 일지

◆ the small **log** cabin 작은 통나무 집 [수능기출]

◆ The captain keeps a **log**. 선장은 항해 일지를 쓴다.

1334 □ **perfume** [pə́ːrfjuːm]

[명] 향수, 향기 [동] 향수를 뿌리다

[명] perfumery 향수류

◆ **perfume** oneself 몸에 향수를 뿌리다

1335 □ **induce** [indjúːs]

[동] 유도하다, 야기하다

◆ **induce** him to give up the plan
그가 그 계획을 포기하도록 유도하다

◆ This medicine **induces** sleep. 이 약은 졸리게 한다.

1336 □ **gorgeous** [gɔ́ːrdʒəs]

[형] 화려한, 눈부신(splendid)

◆ a **gorgeous** actress 멋진 여배우

1337□ **philosophy** 명 철학
[filásəfi]
형 philosophic 철학적인
명 philosopher 철학자
◆practical philosophy 실천 철학

1338□ **passion** 명 열정 형 passionate 열정적인
[pǽʃən]
◆Their passion assures that these fans remain loyal. 수능기출
그들의 열정은 이들이 진정한 팬으로 남은 것을 확인시켜 준다.

1339□ **pause** 명 잠시 중단 동 멈추다
[pɔːz]
◆pause for breath 한숨 돌리다
◆without a single pause 조금도 쉬지 않고

1340□ **defect** 명 결점, 결함(↔ merit 장점)
[difékt]
형 defective 결점이 있는, 불완전한(imperfect)
◆Every man has the defects of his own virtues. 속담
사람에게는 장점과 그에 따른 결점이 있다.
◆defective products 결함이 있는 제품

1341□ **aptitude** 명 소질, 적성
[ǽptit(j)ùːd]
형 apt 알맞은(suitable), 하기 쉬운
◆be apt to ~ 하기 쉽다
◆aptitude test 적성 검사 수능기출

251

1342 negotiate [nigóuʃièit]

[동] 협상하다, 교섭하다 [명] negotiation 협상, 교섭

◆ negotiate for a new contract 새 계약을 협상하다

◆ Negotiation are in progress. 교섭은 진행 중이다.

1343 volcano [vɑlkéinou]

[명] 화산

◆ an active volcano 활화산

1344 reach [riːtʃ]

[동] 도착하다(arrive at), ~에 이르다

◆ reach one's destination 목적지에 닿다

◆ within reach of one's hand 손이 닿는 곳에

1345 recall [rikɔ́ːl]

[동] 생각해 내다, 회수하다 [명] 회상, 회수

◆ I can't recall his name.
나는 그의 이름이 생각나지 않는다.

◆ Defective cars were all recalled.
결함있는 차들은 모두 회수되었다.

1346 stream [striːm]

[명] 개울, 흐름 [동] 흐르다

◆ the stream of history 역사의 흐름

◆ down(up) stream 하류(상류)로

1347 minister [mínistər]

[명] 장관, 목사(clergyman)

[명] ministry 장관의 직무, 부(部), 내각

◆ the Prime Minister 국무총리

1348☐ **agency**
[éidʒənsi]

몡 대리점, 정부 기관   몡 agent 대리인, 공작원

◆a news agency 통신사, a secret agent 스파이


1349☐ **interpret**
[intə́:rprit]

동 통역하다(translate), 해석하다

몡 interpretation 통역, 해석

몡 interpreter 통역자

◆He interpreted difficult parts of the book.
그는 그 책의 어려운 부분들을 해석했다.

◆simultaneous interpretation 동시 통역


1350☐ **transition**
[trænzíʃ(ə)n]

몡 변천, 과도기

혱 transitional 변천하는, 과도기의

◆a period of transition 과도기

◆His life was a transition from poverty to power.
그의 인생은 가난으로부터 권력으로의 변천 과정이었다.


1351☐ **shame**
[ʃeim]

몡 부끄럼, 수치(↔ honor 명예)

혱 shameful 부끄러운, 창피스러운

혱 shameless(부끄러움이 없는)→뻔뻔스러운

◆He turned red with shame.
그는 창피해서 얼굴이 빨개졌다.

◆to my shame 부끄러운 이야기지만


1352☐ **technology**
[teknάlədʒi]

몡 과학 기술   혱 technological 과학 기술의

몡 technologist 과학 기술자

1353□ **reply** 　　　　(명)(동) 대답(하다)
[riplái] 　　　　◆Please reply to her question.
　　　　　　　　　그녀의 질문에 대답하세요.

1354□ **cancer** 　　　　(명) 암
[kǽnsər] 　　　　◆die of lung cancer 폐암으로 죽다

1355□ **bomb** 　　　　(명) 폭탄　(동) 폭격하다　(동) bombard 포격(폭격)하다
[bɑm] 　　　　◆an atomic bomb 원자 폭탄

1356□ **apiece** 　　　　(부) 하나씩, 각자
[əpíːs] 　　　　◆He gave us five dollars apiece.
　　　　　　　　　그는 한 사람에 5달러씩 주었다.

1357□ **routine** 　　　　(동) 판에 박힌, 일상적인　(명) 일과
[ruːtíːn] 　　　　◆She wants to escape from the same routine.
　　　　　　　　　그녀는 똑같은 일상에서 벗어나고 싶어한다.

1358□ **cultivate** 　　　　(동) 경작하다, 재배하다
[kʌ́ltivèit] 　　　　(명) cultivation 경작, 재배
　　　　　　　　　◆cultivate oysters 굴을 양식하다

| 1359 □ **embassy** | 몡 대사관, 사절단 |
| [émbəsi] | ◆ The British Embassy in Seoul |
| | 서울 주재 영국 대사관 |

| 1360 □ **prudent** | 통 사려 깊은, 신중한  몡 prudence 사려, 신중 |
| [prú:dənt] | ◆ a prudent investment 신중한 투자 |

| 1361 □ **congress** | 몡 회의, 국회  몡 congressman 국회의원 |
| [káŋgris] | ◆ a member of Congress 국회의원 |
| | ◆ the 84th Congress 제 84회 의회 |

| 1362 □ **draft** | 몡 설계도, 초안, 징병  통 설계하다, 징병하다 |
| [dræft] | ◆ avoid the draft 징병을 기피하다 |
| | ◆ a draft of machine 기계의 설계도 |

| 1363 □ **mixture** | 몡 혼합(물)  통 mix 섞다 |
| [míkstʃər] | ◆ with a mixture of joy and anxiety |
| | 즐거움과 불안이 뒤섞인 심정으로 |
| | ◆ mix flour and salt 밀가루와 소금을 섞다 |

| 1364 □ **rebel** | 몡 반역자  통 [ribél] 반역하다, 반항하다 |
| [rébəl] | 몡 rebellion 반역, 반란(revolt) |
| | ◆ They rebelled against the government. |
| | 그들은 정부에 대해 반란을 일으켰다. |

255

1365 □ **compensate** [동] 보상하다, 보충하다(make up for)
[kámpənsèit] [명] compensation 보상(보수), 보충
◆ compensate a person for loss
남에게 손해 배상을 하다
◆ in compensation for ~의 보상으로써
◆ a compensation for damage 손해보상

1366 □ **foretell** [동] 예고하다, 예언하다
[fɔːrtél] ◆ foretell the future 미래를 예언하다 [수능기출]
◆ Nobody can foretell what will happen tomorrow.
내일 무엇이 일어날지는 아무도 모른다.

1367 □ **permanent** [형] 영구적인(lasting)
[pə́ːrmənənt] [명] permanence(-cy), 영구, 내구(성)
◆ one's permanent address 본적
◆ a permanent tooth 영구치

1368 □ **scream** [명][동] 비명(을 지르다)
[skriːm] ◆ scream in anger(fright)
분노(공포)로 날카롭게 소리지르다

1369 □ **tool** [명] 도구, 연장
[tuːl] ◆ a set of carpenter's tools 한 벌의 목공 연장
◆ Money should be regarded as a tool.
돈은 수단으로 간주되어야 한다.

1370☐ **stroll** 동 어슬렁거리다, 산책하다(take a walk) 명 산책
[stroul] ◆stroll along the beach 해변을 산책하다

1371☐ **attribute** 동 ~탓으로 돌리다(to)(ascribe)
[ətríbjuːt] 명 [ǽtribjùːt] 속성(attribution)
◆attribute one's health to moderate exercise
자신의 건강을 적당한 운동 때문이라고 생각하다

1372☐ **seize** 동 붙잡다
[siːz] 명 seizure 붙잡기
◆seize a person by the hand 남의 손을 붙잡다
◆seize an opportunity to ask questions
질문할 기회를 포착하다

1373☐ **instant** 형 즉각적인, 즉석 요리용의 명 일순간, 잠깐
[ínstənt] 명 instantly 즉시
◆an instant response 즉답
◆in an instant 곧, 당장

1374☐ **rescue** 동 구조(하다)
[réskjuː] 명 rescuer 구조자
◆rescue a child from drowning
물에 빠진 아이를 구조하다
◆The crew was rescued from the sinking ship.
승무원은 가라앉는 배로부터 구조되었다.

257

1375☐ **professional** 휑 직업의, 전문의(↔ amateur) 몡 전문가
　　[prəféʃən(ə)l]　　몡 profession 직업, 공언
　　　　　　　　　　동 profess 공언하다, 자칭하다
　　　　　　　　　　◆a professional baseball player 프로 야구 선수


1376☐ **mist** 몡 안개(fog) 동 안개가 끼다, 흐려지다
　　[mist]　　휑 misty 안개가 자욱한
　　　　　　◆Two or three farmhouses were visible through
　　　　　　the mist. 수능기출
　　　　　　두세 채의 농가가 안개 속으로 보였다.
　　　　　　◆The mist has cleared off. 안개가 걷혔다.


1377☐ **carefree** 휑 근심이 없는, 태평한
　　[kɛ́ərfrìː]　　◆Comparing the remembered carefree past with
　　　　　　his immediate problems 수능기출
　　　　　　걱정이 없었던 것으로 기억되는 과거와 그의 현재의
　　　　　　문제점들을 비교하면서


1378☐ **halt** 몡동 정지(하다)
　　[hɔːlt]　　휑 halting 절뚝거리는(limping), 망설이는
　　　　　　◆Company halt ! 중대 서! (구령)


1379☐ **wholesale** 휑 도매의(↔ retail 소매의)
　　[hóulsèil]　　몡 wholesaler 도매 상인(↔ retailer 소매 상인)
　　　　　　◆wholesale prices 도매 가격

**Day 48**

1380☐ **refine**　　동 정제하다　명 refinement 정제
[rifáin]　　◆ refine sugar 설탕을 정제하다

1381☐ **astronaut**　　명 우주 비행사
[ǽstrənɔ̀:t]

1382☐ **trap**　　명 덫, 함정(pitfall)
[træp]　　◆ be caught in a trap 덫에 걸리다

1383☐ **portable**　　형 가지고 다닐 수 있는
[pɔ́:rtəbl]　　◆ a portable telephone 휴대 전화

1384☐ **glory**　　명 영광, 영예(honor)
[glɔ́:ri]　　형 glorious 영광스러운, 눈부시게 아름다운
　　◆ for the glory of ~ 의 영예를 위하여
　　◆ a glorious victory 영광스러운 승리

1385☐ **endanger**　　동 위태롭게 하다
[indéindʒər]　　형 endangered 위기에 처한
　　◆ That one mistake seriously endangered the
　　　future of the company.
　　　그 한 번의 실수가 회사의 미래를 매우 위태롭게 만들었다.

259

| 1386 stem | 명 줄기  동 유래하다 |
| [stem] | ◆stem cell 줄기 세포, stem from ~에서 유래하다 |

| 1387 offspring | 명 자손(descendant), 결과 |
| [ɔ́:fsprìŋ] | ◆the offspring of modern science |
| | 현대 과학의 소산 |

| 1388 soak | 동 담그다, 젖다  형 soaking 흠뻑 젖은 |
| [souk] | ◆soak oneself in ~에 몰두하다 |
| | ◆The ground was soaked after the rain. |
| | 비가 온 후에 땅이 흠뻑 젖었다. |

| 1389 skip | 동 건너뛰다 |
| [skip] | ◆skip over the ditch  개울을 건너뛰다 |

| 1390 portray | 동 그리다, 묘사하다 |
| [pɔːrtréi] | 명 portrait 초상화 |
| | ◆portray the essential from of objects 수능기출 |
| | 물체들의 본질적인 형태를 그리다 |

| 1391 assure | 동 확신시키다, 보증하다 |
| [əʃúər] | 명 assurance 확신, 보증  형 assured 확신하는 |
| | ◆This watch is assured for one year. |
| | 이 시계는 1년 동안 보증된다. |

1392 □ **witty**
[wíti]
® 재치있는 ® wit 재치
◆ innate wit 타고난 재치

1393 □ **please**
[pliːz]
통 기쁘게 하다, 만족시키다(satisfy)
® pleased 기쁜, 만족스러운

1394 □ **drastic**
[drǽstik]
® 철저한, 강렬한
◆ Drastic measures should be taken before it's too late.
너무 늦기 전에 철저한 조치가 취해져야 한다. 수능기출

1395 □ **principle**
[prínsipl]
® 원리, 원칙
◆ in principle 원칙적으로
◆ Pascal's principle 파스칼의 원리

1396 □ **beach**
[biːtʃ]
® 해변

1397 □ **rear**
[riər]
®® 뒤(의), 후방(의) 통 세우다, 기르다
◆ at the rear of the house 그 집 뒤쪽에
◆ rear crops 농작물을 재배하다

1398 □ **scratch**
[skrætʃ]
통 할퀴다, 긁다
◆ The cat scratched my face savagely.
고양이는 나의 얼굴을 사정없이 할퀴었다.

1399☐ **gravity** 몡 중력, 중대성
[grǽviti]

1400☐ **tuition** 몡 지도(instruction), 수업료
[t(j)uːíʃən]
◆ have private tuition 개인 교수를 받다

1401☐ **vend** 동 판매하다
[vend]
◆ vending machine 자동 판매기

1402☐ **electricity** 몡 전기
[ilèktrísiti] 혱 electric 전기의
◆ electric appliances 전기 기구

1403☐ **atomic** 혱 원자의 몡 atom 원자
[ətάmik]
◆ an atomic bomb 원자 폭탄

1404☐ **tough** 혱 강인한, 질긴, (일 따위가)고된
[tʌf]
◆ a beefsteak as tough as leather
가죽처럼 질긴 비프스테이크

1405☐ **incentive** 몡 동기(motive), 자극 혱 자극적인, 장려하는
[inséntiv]
◆ Pride is a powerful incentive.
긍지는 강력한 자극이 된다.

1406☐ **border**
[bɔ́:rdər]

몡 경계(선), 국경 용 인접하다
◆ going secretly over the border (수능기출)
몰래 경계선을 넘어가는

1407☐ **scared**
[skɛərd]

헹 겁먹은 헹 scary 무서운
용 scare 겁나게 하다, 깜작 놀라게 하다
◆ The child was scared by the thunder.
그 아이는 천둥에 겁먹었다.

1408☐ **strive**
[straiv]

용 (strive-strove-striven)노력하다, 분투하다
몡 strife 투쟁
◆ He always strives to be ahead of others in his class.
그는 학급안의 누구에게도 지지 않으려고 항상
열심히 노력한다.

1409☐ **adore**
[ədɔ́:r]

용 숭배하다, 매우 좋아하다 몡 adoration 숭배, 동경
◆ It's obvious that she adores him.
그녀가 그를 많이 좋아하는 것이 분명하다.

1410☐ **phenomenon**
[finάminὰn]

몡 현상
◆ a natural phenomenon 자연 현상

1411☐ **zeal**
[zi:l]

몡 열의, 열심 헹 zealous 열심인
◆ with zeal 열의를 가지고

263

# *Check up* (46th–48th day)

## 1) 다음 영어는 우리말로, 우리말은 영어로 쓰시오.(1-14)

1. induce
2. passion
3. interpret
4. cultivate
5. attribute
6. glory
7. adore

8. 사치
9. 향수
10. 장관
11. 함정
12. 줄기
13. 원리
14. 전기

## 2) 다음 빈 칸에 알맞은 단어를 쓰시오.(15-24)

15. _____ apartment  임대 아파트
16. a period of _____  과도기
17. a member of _____  국회의원
18. _____ test  적성 검사
19. a _____ telephone  휴대 전화
20. a _____ tooth  영구치
21. a natural _____  자연 현상
22. a _____ baseball player  프로야구 선수
23. _____ prices  도매 가격
24. die of lung _____  폐암으로 죽다

정답  1.유도하다 2.열정 3.통역하다 4.경작하다 5.~탓으로 돌리다 6.영광 7.숭배하다
8.luxury 9.perfume 10.minister 11.trap 12.stem 13.principle 14.electricity
15.leased 16.transition 17.congress 18.aptitude 19 portable 20.permanent
21.phenomenon 22.professional 23.wholesale 24.cancer

# Day 49

1412 □ **site** [명] 장소, 위치, 유적 [동] ~의 위치를 정하다(locate)
[sait]
◆ historic sites 사적(史蹟)
◆ a building site 건축 부지

1413 □ **strict** [형] 엄격한, 정확한 [부] strictly 엄격히
[strikt]
◆ strict discipline 엄격한 훈련
◆ strict punctuality 시간 엄수

1414 □ **conference** [명] 회의(a large official meeting)
[kɔ́nfərəns/kɑ́n-]
◆ a general conference 총회

1415 □ **fade** [동] 시들다(wither), 희미해지다
[feid]
◆ The flowers have faded. 꽃은 시들어 버렸다.
◆ The outline has faded. 윤곽이 희미해졌다.

1416 □ **journalist** [명] 기자
[dʒə́ːrnəlist]
◆ He is the journalist of the magazine.
그는 잡지사의 기자이다.

1417 □ **revenge** [명][동] 복수(하다), 보복(하다)
[rivéndʒ]
◆ swear revenge 복수를 맹세하다

1418☐ **refer**
[rifə́:r]

동 언급하다, 참조하다(to)

명 reference 언급, 참조

◆Don't refer to the matter again.
그 일을 두 번 다시 입에 올리지 마라.

◆refer to a dictionary 사전을 참조하다


1419☐ **elevate**
[éliveit]

동 ~을 올리다, 승진시키다

명 elevator 엘리베이터  형 elevated 높은

◆an elevated position 높은 지위


1420☐ **fundamental**
[fʌ̀ndəméntl]

형 기본적인, 근본적인, 중요한

◆That is a fundamental change in politics.
그것은 정치상의 근본적인 변화이다.

◆the fundamental similarity  기본적인 유사점


1421☐ **remarkable**
[rimá:rkəbl]

형 주목할 만한, 현저한

동 remark 주의(주목)하다, 말하다

◆a remarkable growth 현저한 성장


1422☐ **riddle**
[rídl]

명동 수수께끼(를 풀다)

◆solve a riddle 수수께끼를 풀다


1423☐ **throw**
[θrou]

동 던지다(cast)

◆Throw me a rope. 밧줄을 던져 주게.

424 □ **explore** [ikspl5ːr]

[동] 탐험하다, 탐사하다

[명] exploration 탐험

[명] explorer 탐험가

◆ an Arctic **exploring** party 북극 탐험대

◆ **explore** the universe 우주를 탐험하다 [수능기출]

425 □ **suppress** [səprés]

[동] 억압하다, 진압하다

[명] suppression 억압 [형] suppressive 억압하는

◆ **suppress** one's laughter 웃음을 참다

◆ **suppress** a rebellion 폭동을 진압하다

426 □ **enforce** [infɔ́ːrs]

[동] 강요하다(impose), 시행하다

[명] enforcement 시행

◆ **enforce** a law 법률을 시행하다

1427 □ **lapse** [læps]

[명] 과실, (시간의)경과

[동] 실수하다, 타락하다

◆ after the **lapse** of time 시간이 지나고 나서

◆ **lapse** into a bad habit 나쁜 습관에 빠지다

1428 □ **beam** [biːm]

[명] 광선, 들보 [동] (빛을)발하다, 비추다

◆ X-ray **beam** X-레이 광선

◆ Greek architecture made much use of columns and **beams**.
그리스 건축에는 기둥과 들보가 많이 사용되었다.

1429 □ **awkward** [ɔ́:kwərd]

[형] 보기 흉한, 서투른
[부] awkwardly 서투르게, 난처한 듯이
◆ an **awkward** situation 난처한 입장

1430 □ **pierce** [piərs]

[동] 꿰뚫다, 간파하다
[형] piercing 꿰뚫는, 날카로운
◆ **piercing** eyes 날카로운 눈
◆ A long tunnel **pierces** the mountains.
긴 터널이 산맥을 관통하고 있다.

1431 □ **erase** [iréiz]

[동] 지우다 [명] eraser 지우개
◆ His name was **erased** from the document.
그의 이름은 서류에서 삭제되었다.

1432 □ **flu** [flu:]

[명] 유행성 감기(influenza)

1433 □ **postpone** [poustpóun]

[동] 연기하다(put off)
◆ The regular general meeting was **postponed** till next month.
정기 총회는 다음 달로 연기되었다.

1434 □ **cave** [keiv]

[명] 동굴 [동] 굴을 파다
◆ In old time, people lived in **caves**.
옛날에 사람들은 동굴 속에서 살았다.

1435☐ **conventional** 형 전통적인, 인습적인
[kənvénʃən(ə)l] 명 convention 회의, 인습
◆conventional morality 인습적 도덕

1436☐ **plumber** 명 배관공
[plʌ́mər]

1437☐ **income** 명 수입(↔ expense 지출)
[ínkʌm] 형 incoming 들어오는, 후임의
◆a fixed income 고정 수입

1438☐ **devil** 명 악마(demon)
[dévl]

1439☐ **cherish** 동 소중히 여기다, 마음에 품다
[tʃériʃ] ◆That's why my family members cherish me.
그러한 이유로 내 가족들은 나를 소중히 여긴다. 수능기출

1440☐ **pedestrian** 명 보행자
[pədéstriən] ◆One day a truck hit a pedestrian on the street.
어느 날 트럭이 길을 가던 보행자를 치었다. 수능기출

1441☐ **fluid** 명 액체(liquid) 형 유동적인
[flú(:)id] ◆fluid fuel 액체 연료

# Day 50

1442 □ **geometry** [명] 기하학 [형] geometric(-al) 기하학의
[dʒiːάmitri]

1443 □ **affirmative** [형] 긍정적인(↔ negative 부정적인)
[əfə́ːrmətiv] ◆an **affirmative** answer 긍정적인 대답

1444 □ **wreck** [명] 난파, 파손, 잔해(물) [동] 망치다, 난파시키다
[rek] ◆a **wrecked** ship 난파선

1445 □ **impose** [동] 부과하다, 강요하다
[impóuz] [명] imposition 부과, 세금(tax)
◆**impose** our values **on** others [수능기출]
다른 이들에게 우리의 가치를 강요하다
◆**impose** a heavy tax 무거운 세금을 물리다

1446 □ **language** [명] 언어
[lǽŋgwidʒ] ◆a foreign **language** 외국어

1447 □ **mess** [명] 난잡, 더러운 것 [동] 엉망으로 만들다, 더럽히다
[mes] [형] messy 어질러진
◆**mess** up a room 방을 어수선하게 어지르다

1448☐ **scatter** 통 뿌리다 (↔ gather 모으다)

[skǽtər] 형 scattered 뿔뿔이 흩어진

◆ The fallen leaves lie scattered on the ground.
낙엽이 땅에 흩어져 있다.


1449☐ **ambiguous** 형 애매한(obscure)

[æmbígjuəs] 명 ambiguity 애매(함)

◆ an ambiguous answer 애매한 답변


1450☐ **shortage** 명 부족, 결핍

[ʃɔ́:rtidʒ] ◆ a shortage of money 금전 부족


1451☐ **infect** 통 감염시키다

[infékt] 명 infection 감염

형 infectious 전염성의

◆ He is infected with diphteria.
그는 디프테리아에 걸렸다.


1452☐ **tribe** 명 부족, 종족

[traib] ◆ Several Indian tribes live around here.
이 부근에 인디언의 몇몇 부족이 살고 있다.


1453☐ **pupil** 명 학생, 제자

[pjú:pil] ◆ an elementary school pupil 초등학교 학생

1454☐ **commerce** ㉱ 상업, 무역(trade)

[kámə(:)rs] ㉱㉱ commercial 상업의, 광고 방송

◆commercial law 상법

◆TV commercials  TV 광고


1455☐ **logical** ㉱ 논리적인(↔ illogical 비논리적인)

[ládʒikəl] ㉱ logic 논리학

◆a logical argument 논리적인 논의


1456☐ **astonish** ㉱ 놀라게 하다(surprise)

[əstániʃ] ㉱ astonishment 경악(amazement)

㉱ astonishing 놀라운, 눈부신

◆I was astonished at the news.

나는 그 소식에 깜짝 놀랐다.


1457☐ **pity** ㉱ 동정하다, 불쌍히 여기다 ㉱ 동정, 연민

[píti] ㉱ pitiful 가엾은

◆It is a pity that~  ~은 유감스러운 일이다

◆What a pity! 불쌍해라!


1458☐ **puzzle** ㉱ 당황하게 하다(perplex)

[pʌ́zl] ㉱ 퍼즐(riddle)

㉱ puzzling 곤혹케 하는

◆I was puzzled by his sudden change of attitude.

그의 태도가 돌변해서 나는 당혹했다.

1459☐ **patent** 명형 특허(의) 동 특허를 얻다

[pǽt(ə)nt]
◆get a patent for ~의 특허를 얻다
◆patent pending 특허 출원중


1460☐ **nourish** 동 기르다, 영양분을 주다

[nə́:riʃ]
명 nourishment 영양분
형 nourishing 영양분이 많은
◆a delicious and nourishing pudding 수능기출
맛있고 영양가 있는 푸딩
◆imperfect nourishment 영양 부족


1461☐ **prison** 명 교도소(jail)

[prízn]
형 prisoner 죄수
◆be in prison 수감 중이다
◆break prison 탈옥하다


1462☐ **reckless** 형 무모한

[réklis]
◆a reckless attempt 무모한 시도


1463☐ **coward** 명 겁쟁이 형 겁 많은(cowardly)

[káuərd]
명 cowardice 비겁


1464☐ **biography** 명 전기 형 biographic(-al) 전기의

[baiɑ́grəfi]
명 autobiography 자서전

1465☐ **migrate**
[máigreit]
동 이주하다  명 migration 이주
형명 migrant 이주하는(migratory), 이주자, 철새
◆ migrant birds 철새
◆ migrate from Korea to South America
한국에서 남미로 이주하다

1466☐ **blame**
[bleim]
동 비난하다, ~에게 책임지우다  명 비난, 책임
◆ They blame police for not taking proper measures.
그들은 적절한 조치를 취하지 않고 있는 경찰을 비난하고 있다.
◆ He blamed me for the accident.
그는 사고의 책임이 내게 있다고 비난했다.

1467☐ **prolong**
[pro(u)lɔ́:ŋ]
동 연장하다  명 prolongment 연장, 연기
◆ prolong a railroad 철도를 연장하다

1468☐ **boil**
[bɔil]
동 끓(이)다
◆ boiling point 끓는 점
◆ A watched pot never boils. 속담
주전자도 지켜보면 끓지 않는다.

1469☐ **volume**
[válju(:)m]
명 책, 권(卷), 부피, 양(quantity)
◆ This book is in six volumes.
이 책은 여섯 권으로 되어 있다.

274

1470☐ **pulse**
[pʌls]

몡 맥박   동 맥박이 뛰다
◆ the pulse rate (1분간) 맥 박수
◆ The pulse beats. 맥박이 뛰고 있다.

1471☐ **obey**
[o(u)béi]

동 복종하다, 따르다
몡 obedience 복종   형 obedient 순종(순응)하는
◆ infinite patience and obedience 수능기출
무한한 인내심과 복종

1472☐ **feminine**
[féminin]

형 여성의, 여자다운(womanly) (↔ masculine 남성의)
몡 female 여성, 암컷
◆ feminine beauty 여성미

1473☐ **bravery**
[bréiv(ə)ri]

몡 용기(courage) (↔ timidity 비겁)
형 brave 용감한
◆ a brave soldier 용사

1474☐ **violate**
[váiəlèit]

동 위반하다, 침해하다   몡 violation 위반
◆ violate another's privacy
남의 프라이버시를 침해하다
◆ He violated the traffic regulations.
그는 교통 규칙을 위반했다.

275

1475☐ **disguise** 몡통 변장(시키다), 가장(하다)

[disgáiz] ◆disguise oneself as a beggar

거지로 변장하다

1476☐ **folk** 몡 (pl)사람들 혱 서민의, 민속의

[fouk] ◆folk ballads 민요

1477☐ **path** 몡 오솔길, 통로

[pæθ] ◆a path through the woods 숲 속의 오솔길

1478☐ **dimension** 몡 치수, 차원, (pl)크기

[diménʃən] 혱 dimensional 치수의, 차원의

◆the four−dimensional space 4차원의 공간

1479☐ **epidemic** 혱 유행성의, 널리 퍼진 몡 유행병

[èpidémik] ◆an epidemic disease 유행병

1480☐ **reputation** 몡 평판, 명성(fame)

[rèpjutéiʃən] ◆a man of good reputation 평판이 좋은 사람

1481☐ **district** 몡 구역, 지역

[dístrikt] ◆a school district 학군

◆an election district 선거구

276

1482 □ **decay**
[dikéi]
동 썩다(rot)  명 부패, 쇠퇴
◆ a decayed tooth 충치

1483 □ **nearly**
[níərli]
부 거의(almost), 가까이에
◆ nearly everyday 거의 매일
◆ They are nearly related. 그들은 가까운 친척이다.

1484 □ **penetrate**
[pénitrèit]
동 꿰뚫다(pierce), 침투하다
명 penetration 관통, 통찰(력)
◆ The bullet could not penetrate the wall.
총알은 벽을 관통하지 못했다.
◆ The idea penetrated slowly in this country.
그 사상은 서서히 이 나라에 침투했다.

1485 □ **send**
[send]
동 보내다
◆ send a letter by air
편지를 항공편으로 보내다

1486 □ **fortunetelling**
[fɔ́:rtʃ(ə)ntèliŋ]
명 점
◆ consult a fortunetelling 점을 보다

1487 □ **mole**
[moul]
명 사마귀, 검은 점
◆ Moles are also believed to foretell the future.
점들은 또한 미래를 예언해 준다고 믿어진다. 수능기출

277

1488□ **merchandise** 몡 상품　퉝 매매하다
[mə́:rtʃ(ə)ndàiz]　◆ general merchandise 잡화

1489□ **asset** 몡 자산, 이점
[ǽset]
◆ assets and liabilities 자산과 부채
◆ The most important asset in business is
a sense of humor. 수능기출
사업에서 가장 중요한 것은 유머 감각이다.

1490□ **weapon** 몡 무기
[wépən]
◆ nuclear weapon 핵무기

1491□ **purchase** 퉝 구입하다　몡 구매(buying)
[pə́:rtʃəs]
◆ bought roses from a wholesaler who purchased
them from a farmer 수능기출
재배자로부터 장미를 구입한 도매상에서 장미를 샀다

1492□ **crude** 톙 천연 그대로의, 조잡한(rough)
[kru:d]
◆ crude oil 원유
◆ crude rubber 생고무

1493□ **solitary** 톙 고독한, 외딴(remote)
[sɑ́litèri]
◆ a solitary life 고독한 생활
◆ a solitary valley 호젓한 골짜기

278

1494☐ **extraordinary** 👻 비범한, 특별한

[ikstrɔ́:rd(i)nèri] 👻 extraordinarily 대단하게, 엄청나게

◆have extraordinary talent 비범한 재능이 있다

◆an extraordinary event 특이한 사건

1495☐ **cube** 👻 정육면체

[kju:b] 👻 cubic 입방체의

◆cube sugar 각설탕

◆a cubic equation 3차 방정식

1496☐ **congratulate** 👻 축하하다

[kəngrǽtʃulèit] 👻 congratulation 축하, (pl)축사

◆I congratulate you on your engagement.
약혼을 축하드립니다.

1497☐ **term** 👻 용어, 기간, 학기, 조건

[tə:rm] ◆law terms 법률 용어

◆a term of validity 유효 기간

◆terms of payment 지불 조건

◆in terms of ~의 점에서, ~의 말로

1498☐ **nurture** 👻👻 양육(하다), 교육(하다)

[nə́:rtʃər] ◆nature and nurture 선천성과 후천성

◆We are directed, nurtured and sustained by others.
우리는 타인에 의해 지도받고 양육되며 부양된다. 수능기출

279

# *Check up* (49th–51st day)

**1) 다음 영어는 우리말로, 우리말은 영어로 쓰시오.(1-14)**

1. remarkable
2. pierce
3. ambiguous
4. nourish
5. penetrate
6. purchase
7. congratulate

8. 기자
9. 탐험하다
10. 수입
11. 겁쟁이
12. 전기
13. 평판
14. 상품

**2) 다음 빈 칸에 알맞은 단어를 쓰시오.(15-24)**

15. a general _____  총회
16. a _____ ship  난파선
17. an elementary school _____  초등학교 학생
18. _____ birds  철새
19. a school _____  학군
20. a _____ tooth  충치
21. _____ and liabilities  자산과 부채
22. a _____ of validity  유효 기간
23. _____ rubber  생고무
24. _____ punctuality  시간 엄수

---

## Speed Test

| | | | |
|---|---|---|---|
| forbear | 참다(endure) | elapse | 경과하다 |
| enormous | 거대한(huge) | miserly | 인색한 |
| console | 위로하다(comfort) | slender | 날씬한 |
| sensational | 선풍적인 | gentle | 온화한 |
| personal | 개인의(individual) | credibl | 믿을만한 |
| notify | 알리다 | legal | 합법적인 |

정답 1.주목할 만한 2.꿰뚫다 3.애매한 4.기르다 5.꿰뚫다 6.구입하다 7.축하하다
8.journalist 9.explore 10.income 11.coward 12.biography 13.reputation 14.merchandise
15.conference 16.wrecked 17.pupil 18.migrant 19.district 20.decayed 21.assets
22.term 23.crude 24.strict

1499 □ **earnest** 　閉 진지한, 열심인

[ə́:rnist] 　　◆ an earnest worker 열심히 일하는 사람

1500 □ **external** 　閉 외부의 (↔ internal 내부의)

[ikstə́:rn(ə)l] 　◆ an external debt 외채

　　　　　　　◆ external commerce 외국 무역

1501 □ **due** 　閉 ~할 예정인, 만기가 된

[dju:] 　　◆ due to + 명사 ~ 때문에 (because of)

　　　　　◆ be due to V ~할 예정이다

　　　　　◆ The delay was due to the bad weather.

　　　　　　늦은 것은 날씨가 나빴기 때문이다.

　　　　　◆ He is due to speak here.

　　　　　　그는 이곳에서 강연할 예정이다.

1502 □ **sequence** 　閉 연속 (succession), 순서

[sí:kwəns] 　◆ The sequence of events led up to the war.

　　　　　　일련의 사건들이 전쟁을 야기했다.

　　　　　◆ in regular sequence 순서대로

1503 □ **baggage** 　閉 짐, 수하물 (luggage)

[bǽgidʒ] 　　◆ a baggage office 수하물 취급소

1504☐ **note**
[nout]

- 몡 메모, 주의, 명성, 음조  동 적어두다, 주의하다
- 혱 noted 유명한(famous)
- ◆take notes 필기하다
- ◆a man of note 저명 인사
- ◆When I hit the highest note, a large wine glass suddenly broke. 수능기출
  내가 가장 높은 음을 내자 갑자기 큰 와인 잔이 깨졌다.
- ◆Please note our change of address.
  바뀐 주소에 유의하세요.

1505☐ **reunion**
[riːjúːnjən]

- 몡 재회, 친목회
- ◆the primary school reunion 초등학교 동창회

1506☐ **wire**
[waiər]

- 몡 철사, 전선
- 혱 wireless 무선의
- ◆telephone wire 전화선

1507☐ **subtle**
[sʌtl]

- 혱 미묘한
- ◆enhance subtle information about light versus dark differences 수능기출
  명암의 차이에 대한 미묘한 정보를 부각시키다

1508☐ **flatter**
[flǽtər]

- 동 아첨하다
- 몡 flattery 아첨
- ◆a flattering picture 실물보다 잘 나온 사진

1509 □ **republic** 　명 공화국

[ripʌ́blik] 　◆ the Republic of Korea 대한민국


1510 □ **deposit** 　동 맡기다, 퇴적시키다 　명 예금, 퇴적물

[dipázit] 　◆ She has a large deposit in the bank.
　　　그녀는 은행에 많은 예금이 있다.
　◆ draw one's bank deposit 은행 예금을 인출하다


1511 □ **brisk** 　형 활발한(active), 상쾌한

[brisk] 　부 briskly 활발하게
　◆ The Korean economy advanced briskly.
　　　한국 경제는 활발하게 신장했다.
　◆ brisk weather 상쾌한 기후


1512 □ **sparkle** 　동 반짝이다 　명 광채, 불꽃

[spáːrkl] 　형 sparkling 반짝이는
　◆ Wet grass sparkles in the sun.
　　　젖은 풀이 햇빛에 반짝반짝 빛난다.
　◆ a sparkling morning 빛나는 아침


1513 □ **burst** 　명 돌발, 폭발

[bəːrst] 　동 폭발하다(explode), 갑자기 ~ 하다(into/out)
　◆ burst into laughter 갑자기 웃음을 터뜨리다
　◆ bursts of noise 갑작스런 소음 수능기출
　◆ at a burst 단숨에


283

1514□ **accomplish** 동 성취하다(achieve), 완수하다(complete)

[əkámpliʃ] 명 accomplishment 성취, 성과

◆ accomplish one's purpose 목적을 달성하다

◆ accomplish a task 일을 완수하다


1515□ **deceive** 동 속이다(cheat)  명 deception 기만

[disíːv] 형 deceptive 남을 속이는

◆ He was deceived into buying such a thing.

그는 속아서 저런 물건을 샀다.


1516□ **thrill** 명 스릴, 전율  동 감동(흥분)시키다

[θril] ◆ a thrill of joy 짜릿한 기쁨


1517□ **resolute** 형 결심이 굳은, 단호한(↔irresolute 우유부단한)

[rézəlùːt] ◆ a resolute manner 단호한 태도

◆ He is resolute to fight. 그는 싸울 결심을 하고 있다.


1518□ **pastime** 명 기분 전환, 오락(recreation)

[pǽstàim] ◆ as a pastime 오락으로


1519□ **dignity** 명 위엄, 존엄성

[dígniti] 명 dignitary 고위 인사

동 dignify 위엄을 갖추다

◆ the dignity of human life 인간 생명의 존엄성

1520☐ **glare**　　동 노려보다(at)　명 번쩍이는 빛
[glɛər]
◆glare at its prey 먹이를 노려보다

1521☐ **thrift**　　명 절약　형 thrifty 검소한, 알뜰한
[θrift]
◆a thrifty housewife 알뜰한 주부

1522☐ **recruit**　　명 신병, 신입생　동 모집(보충)하다
[rikrúːt]
명 recruitment 징병, 회원 모집
◆recruit the position of clerk 사무직을 모집하다

1523☐ **dig**　　동 파다, 캐내다
[dig]
◆dig a well 우물을 파다
◆dig potatoes 감자를 캐다

1524☐ **transmit**　　동 보내다(send), 전달하다
[trænsmít]
명 transmission 전달
◆transmit a package by rail
소포를 철도로 보내다

1525☐ **grateful**　　형 감사하는(thankful)
[gréitfəl]
◆a grateful letter 감사의 편지
◆The person receiving it will be touched
and grateful. 수능기출
그것을 받는 사람은 감동하며 고마워할 것이다.

1526☐ **warehouse** 명 창고

[wɛ́ərhàus]　◆bonded warehouse 보세 창고

1527☐ **annual** 형 해 마다의, 1년의

[ǽnju(ə)l]　◆an annual salary 연봉

◆an annual celebration 연례 기념제

1528☐ **vigorous** 형 활기찬, 원기 왕성한

[víg(ə)rəs]　명 vigor 활력, 정력

◆vigorous in body and in mind 심신이 강건한

◆a vigorous youngster 발랄한 젊은이

1529☐ **absurd** 형 불합리한, 터무니없는

[əbsə́:rd]　◆point out what is humorous or absurd about

a situation 수능기출

어떤 상황에 대해 무엇이 우습거나 불합리한지 지적하다

1530☐ **exclaim** 동 외치다, 소리치다(cry out)

[ikskléim]　명 exclamation 감탄사

◆an exclamation mark 느낌표

◆He exclaimed that he would rather die.

차라리 죽어 버리겠다고 그는 소리쳤다.

531 □ **supervise** 동 감독하다, 지휘하다
[súːpərvàiz] 명 supervision 감독
명 supervisor 감독관
◆ the supervision of an examination  시험 감독

1532 □ **dawn** 명 새벽(daybreak), 시작
[dɔːn] 동 (날이)새다, (싹트기)시작하다
◆ He knew that it was near the hour of dawn.
그는 동 틀 시간이 되었다는 것을 알았다. 수능기출
◆ Since the dawn of history 유사 이래

1533 □ **sphere** 명 구(球)
[sfiər] 형 spherical 천체의, 구의
◆ a heavenly sphere 천체

1534 □ **amazing** 형 놀라운(wonderful)
[əméiziŋ] 동 amaze 놀라게 하다(surprise)

1535 □ **prompt** 형 신속한(quick), 즉석의
[prɑmpt] 부 promptly 신속히, 즉시
◆ a prompt answer 즉답

1536 □ **signal** 명형 신호(등)의, 암호(의)
[sígnəl] ◆ a danger signal 위험 신호

287

1537☐ **reception** 똉 수취, 환영(회)
[risépʃən]

똉 receiver 수취인, 수화기

똉 receive 받다, 받아들이다(admit)

똉 receipt [risíːt] 영수(증)

◆receive many wedding gifts
많은 결혼 선물을 받다

◆A reception was held for the new ambassador.
신임 대사를 위한 환영회가 개최되었다.

◆a box for receipts 영수증 보관함

---

1538☐ **flesh** 똉 살, 육체(body)
[fleʃ]

똉 fleshy 살 찐

◆The thorn went deep into the flesh.
가시가 살 속 깊이 박혔다.

◆a fleshy calf 살찐 송아지

---

1539☐ **omit** 똉 생략하다, 빼다
[oumít]

똉 omission 생략

◆omit this part of the book
책의 이 부분을 생략하다

---

1540☐ **chant** 똉 노래 똉 ~을 노래하다
[tʃænt]

◆Chanting a request may be more effective
than simply saying the request. 수능기출
요구를 노래로 하는 것은 그냥 말로 하는 것보다
더 효과적일 수 있다.

1541☐ **likewise** 🖉 마찬가지로(similarly), 또한(also)
[láikwàiz]

1542☐ **aggressive** 🖉 공격적인, 침략적인
[əgrésiv] 🖉 aggression 공격, 침략
◆an aggressive foreign policy
침략적인 외교 정책
◆a dangerous aggressive dog
위험하고 공격적인 개

1543☐ **fiction** 🖉 소설(novel), 허구
[fíkʃən] 🖉 fictional 소설의, 허구의
◆a detective fiction 탐정 소설

1544☐ **legislation** 🖉 입법, 법률
[lèdʒisléiʃən] 🖉🖉 legislative 입법의, 입법부
◆legislative power 입법권

1545☐ **indispensable** 🖉 필수의(↔ dispensable 없어도 되는)
[ìndispénsəbl] ◆Air is indispensable to life.
공기는 생명에 꼭 필요하다.

1546☐ **geography** 🖉 지리, 지형
[dʒiágrəfi] 🖉 geographical 지리적인
◆geographical distribution 지역 분포

289

1547☐ **enormous** 휑 막대한(immense), 거대한(huge)

[inɔ́:rməs] 튄 enormously 거대하게, 극심하게

◆ an enormous sum of money 막대한 금액

◆ an enormous tension 엄청난 긴장감 〔수능기출〕


1548☐ **carry** 동 운반하다, 가지고 있다

[kǽri] 명 carrier 운송인, 운반장치

◆ carry a cane in one's hand

　손에 지팡이를 들고 있다

◆ carry out 실행하다

◆ He did not carry out his promise to us.

　그는 약속을 이행하지 않았다.


1549☐ **foster** 동 기르다(bring up), 촉진하다

[fɔ́(:)stər] ◆ foster a forlorn child 버려진 아이를 기르다


1550☐ **glacier** 명 빙하

[gléiʃər] 휑 glacial 얼음의, 빙하의

◆ the glacial period 빙하기


1551☐ **notion** 명 생각, 개념(conception)

[nóuʃən] 휑 notional 개념상의

◆ He has no notion of economy.

　그는 경제 관념이 전혀 없다.

◆ have no notion of doing ~할 생각은 없다


290

1552☐ **compliment** 몡 칭찬 툉 [kámplimènt] 칭찬하다(praise)

[kámplimənt] ◆ Thank you for compliment.

칭찬해 주셔서 감사합니다.

1553☐ **congestion** 몡 밀집, 혼잡 툉 congested 붐비는, 정체한

[kəndʒéstʃən] ◆ Unless we take action now, traffic congestion will get worse and worse. 수능기출

우리가 지금 조치를 취하지 않으면 교통 혼잡은 점점 악화될 것이다.

1554☐ **kneel** 툉 무릎을 꿇다

[ni:l]

1555☐ **credit** 몡 신용(belief), 명예(honor)

[krédit] ◆ credit card 신용 카드, a credit sale 외상 판매

1556☐ **vanish** 툉 사라지다(disappear)

[vǽniʃ] ◆ vanish away like smoke 연기처럼 사라지다

1557☐ **civil** 휑 시민의, 국내의 몡 civilian 민간인

[sívəl] ◆ civil law 민법, a civil war 내전

1558□ **lock** 명 자물쇠 동 자물쇠를 채우다
[lɑk] ◆lock the door 문에 자물쇠를 채우다

1559□ **diminish** 동 줄어들다, 감소하다(decrease)
[dimíniʃ] 명 diminution 감소
형 diminutive 소형의, 작은(tiny)
◆The food production are rapidly diminishing every year.
식량 생산이 해마다 급격히 줄고 있다.

1560□ **prospect** 명 전망, 기대
[práspekt] ◆There is no prospect of success.
성공할 가망은 없다.

1561□ **supreme** 형 최고의, 대단한
[səprí:m] ◆the supreme court 대법원

1562□ **isolate** 동 고립(격리)시키다
[áisəlèit] 형 isolated 고립된
◆isolate a patient 환자를 격리하다

1563□ **contest** 동 다투다, 겨루다
[kəntést] 명 [kántest] 경쟁, 경연
◆a beauty contest 미인 대회

1564☐ **fulfill**
[fulfíl]
통 수행하다, 실행하다(carry out)
명 fulfil(l)ment 수행, 실행
◆ fulfill multiple social roles 수능기출
다양한 사회적 역할들을 수행하다

1565☐ **pronunciation**
[prənʌnsiéiʃən]
명 발음(법)
동 pronounce 발음하다, 단언하다
◆ He pronounced the signature to be a forgery.
그는 그 서명이 위조라고 단언했다.

1566☐ **discharge**
[distʃáːrdʒ]
통 짐을 내리다, 해방하다, 배출하다, 이행하다
◆ discharge a missile 미사일을 발사하다
◆ discharge a ship of its cargo
배에서 짐을 부리다

1567☐ **offend**
[əfénd]
통 화나게 하다, 위반하다
명 offense 공격 (↔ defense 방어), 위반
형 offensive 불쾌한(unpleasant), 공격의
◆ I'm offended by his blunt speech.
그의 버릇없는 말에 화가 난다.
◆ offend against the custom 관습을 어기다

1568☐ **accelerate**
[æksélərèit]
통 촉진하다, 가속하다 (↔decelerate감속하다)
명 acceleration 촉진, 가속(도)
◆ accelerate growth 성장을 촉진하다

1569☐ **autograph** 명동 서명(하다)

[ɔ́ːtəgræf] ◆ autograph a book 책에 서명하다

1570☐ **tide** 명 조수, 경향(tendency) 형 tidal 조수의

[taid] ◆ Time and tide wait for no man. 속담

세월은 사람을 기다리지 않는다.

◆ The tide is in(out). 지금은 밀물(썰물) 이다.

◆ The tide turns. 형세가 바뀐다.

1571☐ **dispense** 동 ~없이 지내다(with), 나누어 주다

[dispéns] 형 dispensable 없어도 되는(↔indispensable 필수의)

◆ I can dispense with your advice.

너의 충고 없이도 해나갈 수 있다.

1572☐ **somehow** 부 어떻게 해서든지(by some means), 웬일인지

[sʌ́mhàu] ◆ Somehow I never liked him.

웬일인지 그에게 호감이 가지 않았다.

◆ It must be done somehow or other.

어떻게 해서든지 꼭 그것을 해야 한다.

1573☐ **co-worker** 명 함께 일하는 사람, 동료

[kóuwə̀ːrkər]

1574☐ **cynical** 형 냉소적인, 비꼬는

[sínikəl]

1575 guarantee [gæ̀rəntíː]

[동] 보증하다(warrant) [명] 보증, 보증인

[명] guaranty 보증, 담보(물)

◆ The introduction of unique products alone does not guarantee market success. [수능기출]
특이한 상품을 소개하는 것 만으로는 시장에서의 성공을 보장해 주지 않는다.

1576 chief [tʃiːf]

[명] (단체의)장, 우두머리

[형] 가장 중요한, 주된

◆ a chief of family 가장

◆ Sugar is the chief constitution of candy.
설탕이 과자의 주된 성분이다.

1577 sustain [səstéin]

[동] 유지하다, 지지하다, 부양하다

[명] sustenance 유지, 생계

◆ sustained economic growth 지속적인 경제 성장

◆ sustain life 생명을 유지하다

1578 mirror [mírər]

[명] 거울 (looking glass)

◆ Literature is a mirror of society.
문학은 사회상을 반영하는 거울이다.

1579 verbal [vəːrbəl]

[형] 언어의, 말로서의

◆ a verbal contract 구두 계약

◆ a verbal test 언어 적성 검사

# Check up (52nd–54th day)

## 1) 다음 영어는 우리말로, 우리말은 영어로 쓰시오.(1-14)

1. flatter
2. sparkle
3. accomplish
4. vigorous
5. enormous
6. compliment
7. guarantee

8. 짐
9. 공화국
10. 위엄
11. 창고
12. 새벽
13. 신호
14. 지리

## 2) 다음 빈 칸에 알맞은 단어를 쓰시오.(15-24)

15. the primary school _____ 초등학교 동창회
16. a man of _____ 저명 인사
17. at a _____ 단숨에
18. a _____ housewife 알뜰한 주부
19. a _____ contract 구두 계약
20. an _____ salary 연봉
21. the _____ of an examination 시험 감독
22. _____ card 신용 카드
23. a beauty _____ 미인대회
24. a detective _____ 탐정 소설

---

### Speed Test

| | | | |
|---|---|---|---|
| reward | 보답하다 | mutual | 상호간의 |
| candid | 솔직한(frank) | foliage | 잎(leaves) |
| boast | 자랑하다 | census | 인구조사 |
| graduation | 졸업 | noted | 유명한 |
| initial | 처음의, 머리글자 | potable | 마실 수 있는 |
| valid | 유효한 | lecture | 강의, 강연 |

---

정답 1.아첨하다 2.반짝이다 3.성취하다 4.활기찬 5.막대한 6.칭찬 7.보증하다
8.baggage 9.republic 10.dignity 11.warehouse 12.dawn 13.signal 14.geography
15.reunion 16.note 17.burst 18.thrifty 19.verbal 20.annual 21.supervision 22.credit
23.contest 24.fiction

1580 ☐ **sculpture** 똉똉 조각(하다)

[skΛlptʃər] 똉 sculptor 조각가

◆ sculpture a statue in stone
돌에 상을 새기다

1581 ☐ **vain** 똉 헛된, 허영심이 강한 똉 vanity 허영심

[vein] ◆ in vain 보람없이, 헛되이

◆ She was very vain about her own beauty.
그녀는 아름다움에 대한 허영심이 강했다.

1582 ☐ **hypothesis** 똉 가설, 전제

[haipάθisis] 똉 hypothetical 가설의

◆ form a hypothesis 가설을 세우다

1583 ☐ **parallel** 똉 평행의, 유사한(similar) 똉 평행선

[pǽrəlèl] ◆ parallel bars 평행봉

◆ in parallel with ~과 평행인

1584 ☐ **scout** 똉 정찰(병), 스카웃 똉 정찰하다, 찾아 나서다

[skaut] ◆ scouting plane 정찰기

◆ scout a promising player
유망한 선수를 스카웃하다

297

1585☐ **sterile**
[stéril]
⠀⠀⠀⠀혱 불모의(barren) (↔ fertile 비옥한), 메마른, 불임의
⠀⠀⠀⠀◆a sterile year 흉년

1586☐ **renew**
[rinjú:]
⠀⠀⠀⠀동 다시 시작하다(resume), 새롭게 하다
⠀⠀⠀⠀명 renewal 재개, 갱신
⠀⠀⠀⠀◆renew curtains 커튼을 새로 갈다

1587☐ **install**
[instɔ́:l]
⠀⠀⠀⠀동 설치하다, 임명하다(appoint)
⠀⠀⠀⠀명 installation 설치, 취임
⠀⠀⠀⠀명 installment 할부(금)
⠀⠀⠀⠀◆install a new washing machine
⠀⠀⠀⠀⠀새 세탁기를 설치하다
⠀⠀⠀⠀◆the ceremony of one's installation 취임식

1588☐ **interfere**
[ìntərfíər]
⠀⠀⠀⠀동 방해하다, 간섭하다
⠀⠀⠀⠀명 interference 방해, 간섭
⠀⠀⠀⠀◆He interfered in my private business.
⠀⠀⠀⠀⠀그는 나의 사적인 일에 간섭했다.
⠀⠀⠀⠀◆The sound of the radio upstairs interferes
⠀⠀⠀⠀⠀with my work.
⠀⠀⠀⠀⠀위층의 라디오 소리가 내 작업을 방해한다.

1589☐ **document**
[dάkjumənt]
⠀⠀⠀⠀명 문서, 서류, 기록
⠀⠀⠀⠀혱명 documentary 문서의, 다큐멘터리, 기록물
⠀⠀⠀⠀◆an official document 공문서

1590 □ **compel** [동] 억지로 ~ 시키다, 강요하다

[kəmpél]

◆ Hunger **compelled** him to surrender.

그는 배고픈 나머지 어쩔 수 없이 항복했다.

1591 □ **position** [명] 위치, 지위, 입장, 직업

[pəzíʃən]

◆ Put yourself in his **position**!

당신이 그의 입장에 서 보십시오!

1592 □ **disregard** [동] 무시하다(neglect) (↔regard 주의하다)

[dìsrigɑ́:rd] [형] disregardful 무시하는, 무관심한(indifferent)

◆ have a **disregard** for ~을 무시하다

1593 □ **proportion** [명] 비율

[prəpɔ́:rʃən] [형] proportional 비례의

◆ **in proportion to** ~에 정비례하여

◆ the **proportion** of deaths to the population

인구에 대한 사망 비율

1594 □ **hang** [동] 매달다, 걸다

[hæŋ]

◆ **Hang** the picture on the wall.

그 그림을 벽에 걸어라.

1595 □ **village** [명] 마을

[vílidʒ]

◆ a farm **village** 농촌

1596☐ **disgust**
[disgʌ́st]
동 불쾌하게 하다, 정 떨어지게 하다
형 disgusting 아주 싫은
◆Its smell disgusts me. 그 냄새는 참 역겹다.
◆be disgusted with a person
남에 대해 정나미가 떨어지다

1597☐ **edible**
[édibl]
형 식용의, 먹을 수 있는(eatable)
◆edible frogs 식용 개구리

1598☐ **absent-minded**
[ǽbsəntmáindid]
형 멍하니 있는, 방심상태의
◆Please excuse my absent-mindedness.
멍하니 있어서 미안해요.

1599☐ **revolt**
[rivóult]
명 반란, 혐오
동 반역(배반)하다, 불쾌하게 하다(disgust)
◆revolt against a dictator
독재자에 항거하다
◆My stomach revolts at such food.
나는 그러한 음식을 먹으면 체한다.

1600☐ **dust**
[dʌst]
명 먼지
형 dusty 먼지 투성이의
◆a cloud of dust 자욱한 흙먼지
◆The desk is covered with dust.
책상은 먼지로 덮혀 있다.

1601☐ **enlighten** 동 계몽하다, 가르치다
[inláitn]
  명 **enlightenment** 계몽
  ◆Please enlighten me on this point.
   이 점에 관하여 가르쳐 주십시오.
  ◆enlighten ignorant inhabitants
   무식한 주민들을 계몽하다

1602☐ **shrug** 동 어깨를 으쓱하다
[ʃrʌg]
  ◆shrug one's shoulders 어깨를 으쓱하다

1603☐ **beg** 동 구걸하다, 간청하다
[beg]
  명 **beggar** 거지
  ◆I beg your pardon. 한번 더 말씀해 주십시오.
  ◆I beg of you not to say it again.
   제발 두 번 다시 그 일을 말하지 마십시오.

1604☐ **wave** 명 파도, 손짓
[weiv]
  동 물결치다, 손을 흔들다
  ◆His hair waves naturally.
   그는 원래 곱슬머리다.
  ◆a cold wave 한파

1605☐ **recipe** 명 요리법. 비법
[résipi(:)]
  ◆a recipe for chicken soup 치킨 스프 요리법
  ◆one's recipe for health 건강법

**Day 56**

1606☐ **courtesy**
[kə́:rtisi]

⟨명⟩ 예의, 호의

⟨형⟩ courteous 예의바른, 친절한

◆He is a model of courtesy.
그는 예의의 본보기이다.

1607☐ **area**
[ɛ́əriə]

⟨명⟩ 면적, 지역, 분야

◆the metropolitan area 수도권

◆the whole area of science 과학의 모든 영역

1608☐ **ultimate**
[ʌ́ltimit]

⟨형⟩ 최후의, 궁극적인

⟨부⟩ ultimately 궁극적으로(finally)

◆our ultimate goal 우리의 궁극적인 목적

1609☐ **alter**
[ɔ́:ltər]

⟨동⟩ 바꾸다(change)  ⟨명⟩ alteration 변경

⟨형⟩ alterable 변경할 수 있는(↔ unalterable 불변의)

◆alter for the better 개선하다

◆alter a house into a store
집을 가게로 개조하다

1610☐ **campaign**
[kæmpéin]

⟨명⟩ (특별한 목적을 위한) 운동, 선거 운동

◆the presidential campaign 대통령 선거 운동

◆a sales campaign 판매 촉진 운동

1611☐ **forecast** 몡동 예상(하다), 예보(하다)
[fɔ́ːrkæ̀st] 몡 **forecaster** 예보자
◆ forecast the weather 일기예보를 하다
◆ forecast the consequences 결과를 예측하다

1612☐ **budget** 몡 예산(안) 동 예산을 짜다
[bʌ́dʒit] ◆ budget for the coming year 내년도 예산을 짜다
◆ a family budget 가계비

1613☐ **vacuum** 몡형 진공(상태)의
[vǽkjuəm] ◆ a vacuum cleaner 진공 청소기

1614☐ **overhear** 동 엿듣다, 우연히 듣다
[òuvərhíər] ◆ overhear friend's talk
친구의 이야기를 엿듣다

1615☐ **splash** 동 (물 따위가)튀기다
[splæʃ] ◆ splash dirty water 흙탕물을 튀기다

1616☐ **muscle** 몡 근육
[mʌ́sl] 형 **muscular** 근육의
◆ a shoulder muscle 어깨 근육
◆ Physical exercises develop muscle.
운동은 근육을 발달시킨다.

1617□ **priceless** [형] 매우 귀중한, 돈으로 살 수 없는

[práislis]

◆priceless information to help the world to come
앞으로의 세상을 돕기 위한 귀중한 정보 [수능기출]

1618□ **incredible** [형] 믿을 수 없는, 놀라운

[inkrédəbl]

◆an incredible price 엄청난 값

1619□ **sigh** [명][동] 한숨 (쉬다)

[sai]

◆She gave a sigh of relief. [수능기출]
그녀는 안도의 한숨을 내쉬었다.

1620□ **associate** [동] 교제하다, 연관시키다(connect)

[əsóuʃièit]

[명] [asóuʃiit] 친구, 동료

[명] association 연합, 협회, 교제

◆be associated with ~와 관련되다

◆a Parent–Teacher Association 사친회

1621□ **course** [명] 과정, 진행, 코스(진로)

[kɔːrs]

◆a course of education 교과 과정

◆change one's course 진로를 바꾸다

1622□ **stuff** [명] 물건, 물질 [동] 채워넣다(pack)

[stʌf]

◆stuff feathers into a pillow
베개에 깃털을 채워넣다

◆doctor's stuff 약

1623☐ **poverty** [명] 빈곤, 결핍
[pávərti(:)]
◆poverty of blood 빈혈
◆live in poverty 가난하게 살다

1624☐ **bloom** [명][동] 꽃(피다)
[blu:m]
[형] blooming 활짝 핀(in bloom)
◆The rose are in full bloom.
장미꽃이 만발해 있다.

1625☐ **element** [명] 요소, 성분 (pl)원리 [형] elementary 초보의
[éləmənt]
◆Elements of culture can be divided into two categories. [수능기출]
문화의 요소들은 두 가지 범주로 나뉠 수 있다.
◆elementary school 초등 학교

1626☐ **gaze** [동] 응시하다(stare), 바라보다(at)
[geiz]
[명] 응시, 주시
◆gaze at wonderful scenery
기막힌 경치를 넋을 잃고 바라보다

1627☐ **reward** [동] 포상하다, 보답하다 [명] 보수, 보상(금)
[riwɔ́:rd]
◆a reward for finding a lost child
미아 찾기에 대한 보상
◆The reward seems hardly worth the effort. [수능기출]
노력을 기울인 만큼의 보상이 거의 없다.

1628☐ **accommodate** 동 수용하다, 편의를 도모하다, 숙박시키다
[əkámədèit] 명 accommodation 수용, 편의 시설, (pl)숙박 시설
◆ The hotel can accommodate 500 guests.
그 호텔은 5백 명의 손님을 수용할 수 있다.

1629☐ **obstinate** 형 고집 센, 완강한
[ábstinit] 명 obstinacy 고집, 완고
◆ as obstinate as a mule 대단히 고집이 센

1630☐ **gesture** 명 몸짓, 동작
[dʒéstʃər] ◆ signal by gesture 몸짓으로 신호하다

1631☐ **temper** 명 기질, 기분
[témpər] ◆ a calm temper 차분한 성미
◆ lose one's temper 화를 내다

1632☐ **cough** 명동 기침(하다)
[kɔ(ː)f] ◆ have a bad cough 몹시 기침이 나다

1633☐ **hesitate** 동 망설이다
[hézitèit] 명 hesitation 망설임
형 hesitant 주저하는, 머뭇거리는
◆ He had no hesitation about it.
그는 그 일에 대해 조금도 망설이지 않는다.

1634☐ **mass**
[mæs]
- 몡 큰 덩어리, 다량(다수), 일반 대중
- 몡 massive 육중한, 큰
- ◆ mass production 대량 생산

1635☐ **superb**
[supə́:rb]
- 혱 훌륭한, 최고급의
- ◆ a superb wine 최고급 포도주

1636☐ **lessen**
[lésn]
- 됭 적게하다, 줄이다
- ◆ lessen the speed 속도를 줄이다

1637☐ **swift**
[swift]
- 혱 신속한(rapid), 재빠른
- ◆ a swift vessel 쾌속정

1638☐ **barbarian**
[bɑ:rbɛ́(:)riən]
- 몡 야만인, 미개인
- 혱 야만의, 교양이 없는(uncultured)
- 몡 barbarism 야만 행위

1639☐ **mechanical**
[mikǽnikəl]
- 혱 기계의
- 몡 mechanic 기계공
- 몡 mechanics 역학, 기계학
- ◆ a car mechanic 자동차 정비공

1640☐ **consent** 몡동 동의(하다)(agree),승낙(하다)(↔dissent)

[kənsént]
◆I can't consent to such terms.
나는 그런 조건에 동의할 수 없다.

1641☐ **persist** 동 고집하다(adhere to), (계속) 주장하다(in)

[pəːrsíst] 혱 persistent 고집하는, (꽃이)지지 않는
◆In spite of financial problem, he persisted in
his project.
재정 문제에도 불구하고 그는 자신의 계획을 고집했다.

1642☐ **consistent** 혱 일치하는, 양립하는

[kənsístənt] 동 consist of ~으로 이루어지다(be composed of)
consist in ~에 있다
◆He is not consistent in his action.
그의 행동은 앞뒤가 맞지 않는다.

1643☐ **concrete** 혱 구체적인(↔abstract 추상적인)

[kánkriːt] ◆a concrete proof 구체적인 증거

1644☐ **diameter** 몡 지름, 직경

[daiǽmitər] ◆the circle's diameter 원의 지름

1645☐ **outcome** 몡 결과, 성과

[áutkʌm] ◆the outcome of a general election 총선 결과

1646 □ **stir** [stəːr]

[동] 휘젓다

◆ stir milk with a spoon
순가락으로 우유를 휘젓다

1647 □ **weed** [wiːd]

[명][동] 잡초(를 뽑다)

[명] weeder 제초기

◆ Please weed the garden. 정원의 잡초를 뽑아주세요.

1648 □ **grasp** [græsp]

[동] 움켜쥐다, 이해하다

◆ She grasped it tightly as a powerful fish took her line. [수능기출]
힘이 센 물고기가 그녀의 낚싯대를 잡아당기는 만큼 그녀도 그것을 꽉 쥐었다.

◆ grasp the meaning 뜻을 이해하다

1649 □ **crime** [kraim]

[명] (법률상의)범죄

[명][형] criminal 범인(의)

◆ the crime of murder 살인죄

◆ commit a crime 죄를 범하다
cf. sin (종교, 도덕상의) 죄

1650 □ **gentle** [dʒéntl]

[형] 부드러운, 온화한, 정중한

[형] gentlemanly 신사적인, 점잖은

[명] gentleman 신사

◆ A gentle south wind is blowing.
부드러운 남풍이 불고 있다.

1651☐ **resume**
[rizú:m]

통 다시 시작하다, 되찾다

명 [rèzuméi] 이력서

◆ Full service will resume on the twelfth.
모든 시설의 이용은 12일부터 재개됩니다.


1652☐ **otherwise**
[ʌ́ðərwìàz]

부 그렇지 않으면, 달리

◆ Start at once, otherwise you will be late.
즉시 출발하지 않으면 늦는다.

◆ I can't think otherwise.
달리 생각할 수가 없다.


1653☐ **retreat**
[ritrí:t]

명통 후퇴(하다)(↔advance 전진하다), 은퇴(하다)

◆ retreat from the front 전방에서 후퇴하다

◆ a mountain retreat 산장


1654☐ **tedious**
[tí:diəs]

형 지루한(tiresome)

◆ a tedious journey 지루한 여행


1655☐ **recharge**
[ri:tʃɑ́:rdʒ]

통 재충전하다

형 rechargeable 재충전할 수 있는

◆ recharge a battery 베터리를 재충전하다


1656☐ **cabin**
[kǽbin]

명 오두막집(hut)

◆ a log cabin 통나무 집


310

1657☐ **prevail** 홍 유행하다, 우세하다
[privéil] 명 prevalence 유행, 보급
명 prevalent 유행하는, 널리 퍼진
◆Colds are prevalent in winter.
감기는 겨울에 유행한다.
◆prevail on ~을 설득하다

1658☐ **draw** 홍 그리다, 끌다 명 무승부
[drɔː] ◆draw a cart 짐수레를 끌다
◆draw a picture 그림을 그리다

1659☐ **bargain** 명 싸게 산 물건 형 염가의 홍 흥정하다
[bɑ́ːrgin] ◆a bargain sale 염가 판매

1660☐ **adolescent** 명형 청년기(의), 사춘기(의), 청년
[æ̀dəlésənt] 명 adolescence 청년기, 사춘기
◆boys and girls at adolescence 사춘기의 남녀

1661☐ **military** 형 군대의, 육군의(↔ naval 해군의)
[mílitèri] ◆military academy 육군 사관학교

1662☐ **estate** 명 재산, 땅, 지위
[istéit] ◆real estate 부동산
◆personal estate 동산

311

# Check up (55th~57th day)

1) 다음 영어는 우리말로, 우리말은 영어로 쓰시오.(1-14)

1. disregard
2. forecast
3. priceless
4. accommodate
5. hesitate
6. concrete
7. tedious

8. 비율
9. 마을
10. 요리법
11. 빈곤
12. 몸짓
13. 야만인
14. 기질

2) 다음 빈 칸에 알맞은 단어를 쓰시오.(15-24)

15. an official _____     공문서
16. _____ a promising player     유망한 선수를 스카웃하다
17. _____ frogs     식용 개구리
18. the metropolitan _____     수도권
19. a _____ cleaner     진공 청소기
20. a shoulder _____     어깨 근육
21. _____ school     초등학교
22. the circle's _____     원의 지름
23. the _____ of a general election     총선 결과
24. a _____ sale     염가 판매

---

## Speed Test

| | | | |
|---|---|---|---|
| remodel | 개조하다 | broadcast | 방송(하다) |
| suitcase | 여행 가방 | checkup | 점검, 신체검사 |
| tax | 세금 | provide | 공급(제공)하다 |
| purchase | 구매(구입)하다 | deny | 부인(부정)하다 |
| prefer | 선호하다 | obscure | 애매한 |
| deadline | 마감일, 기한 | insight | 통찰력 |

---

정 답 1.무시하다 2.예상하다 3.매우 귀중한 4.수용하다 5.망설이다 6.구체적인 7.지루한
8.proportion 9.village 10.recipe 11.poverty 12.gesture 13.barbarian 14.temper
15.document 16.scout 17.edible 18.area 19.vacuum 20.muscle 21.elementary
22.diameter 23.outcome 24.bargain

1663 ☐ **shave** [명][동] 면도(하다)
[ʃeiv]
◆ He does not **shave** everyday.
그는 매일 면도하지 않는다.

1664 ☐ **esteem** [동] 존중하다, ~라고 생각하다
[istíːm]
◆ I **esteem** your advice highly.
나는 귀하의 충고를 크게 존중합니다.
◆ I shall **esteem** it (as) a favor.
고맙게 생각합니다.

1665 ☐ **jewel** [명] 보석(gem)
[dʒúːəl]
[명] jewelry 보석류
◆ a **jewelry** shop 보석 가게

1666 ☐ **marble** [명] 대리석 [형] 대리석의
[máːrbl]
◆ a block of **marble** 대리석 덩어리 [수능기출]

1667 ☐ **swell** [동] 부풀다, 팽창하다 [명] 팽창, 부어오름
[swel]
◆ Membership **swelled** to a thousand.
회원 수가 천 명으로 늘어났다.
◆ The injured wrist **swelled** up badly.
다친 팔목이 몹시 부었다.

1668□ **proficient** 휑 숙달된(skilled)(↔clumsy 솜씨 없는)

[prəfíʃ(ə)nt] 똉 proficiency 숙달

◆be proficient in speaking English

영어 회화에 능숙하다


1669□ **dispute** 똉똥 논쟁(하다), 논의(하다)

[dispjúːt] 똉 disputation 논쟁, 토론

◆go into a dispute 논쟁을 벌이다


1670□ **worsen** 똥 악화시키다, 나빠지다

[wə́ːrsn] 휑 worse 더 나쁜, 악화된

◆worsen the situation 상황을 악화시키다


1671□ **surplus** 똉휑 과잉(의)

[sə́rplʌs] ◆a surplus population 과잉 인구


1672□ **leisure** 똉 틈, 여가(spare time) 휑 한가한

[léʒər] 뿐 leisurely 한가로이

◆at one's leisure 한가한 때에


1673□ **adminstration** 똉 관리, 경영, 행정(부)

[ədmìnistréiʃ(ə)n] 휑 administrative 관리(행정)의

똥 administer 관리(통치)하다, 집행하다

◆the Korean administration 한국 정부

1674☐ **eternal**
[itə́:rnəl]

- 📘 영원한(↔ temporary 일시적인), 불변의
- 📗 eternity 영원, 오랜 기간
- ◆ eternal love 영원 불변의 사랑

1675☐ **claim**
[kleim]

- 📙📗 요구(하다), 주장(하다)
- ◆ He claimed that his answer was correct.
  그는 자기의 대답이 옳다고 주장하였다.
- ◆ claim damages 손해 배상을 요구하다

1676☐ **property**
[prápərti]

- 📙 재산, 소유권(ownership)
- ◆ literary property 저작권
- ◆ private property 사유 재산

1677☐ **gap**
[gæp]

- 📙 갈라진 틈, 격차
- ◆ the generation gap 세대 차이
- ◆ close a gap 간격을 줄이다

1678☐ **vow**
[vau]

- 📙📗 맹세(하다), 서약(하다)
- ◆ wedding vow 결혼 서약
- ◆ perform a vow 서약을 실행하다

1679☐ **pale**
[peil]

- 📙 창백한
- ◆ He turned pale at the news.
  그는 그 소식을 듣고 창백해졌다.

1680☐ **flavor**
[fléivər]

몡 맛, 풍미(taste)

◆ a sweet flavor 단맛


1681☐ **despair**
[dispέər]

몡동 절망(하다), 자포자기(하다)

◆ in despair 절망하여

◆ We despaired of success. 우리는 성공을 단념했다.


1682☐ **deny**
[dinái]

동 부정(부인)하다(↔admit)

몡 denial 부정

◆ He denied having said so.
그는 그런 말을 한 일이 없다고 말했다.


1683☐ **arrogant**
[ǽrəgənt]

혱 오만한, 건방진

몡 arrogance(–cy) 오만,거만

◆ arrogant claims 오만한 요구


1684☐ **vague**
[veig]

혱 막연한, 애매한, 흐릿한(ambiguous)(↔clear 명백한)

◆ Out of the dark came a vague voice "who's there?"
어둠 속에서 "거기 누구 있어요?" 하는 희미한
목소리가 들려왔다. 수능기출

◆ a vague rumor 막연한 소문


1685☐ **roam**
[roum]

몡동 방랑(하다), 배회(하다)

◆ roam over the mountains 산을 헤매다

686☐ **vivid**
[vívid]
휑 생생한, 선명한
◆a vivid description 생생한 묘사
◆a vivid green 선명한 초록빛

687☐ **fear**
[fiər]
똉 공포(terror), 두려움
휑 fearful 무서운, 두려워하는
◆He was fearful of failing in the examination.
그는 시험에 떨어지지 않을까 두려웠다.
◆a fearful sight 무서운 광경

688☐ **heaven**
[hév(ə)n]
똉 하늘, 천국 (↔ hell 지옥), Heaven 하느님(God)
휑 heavenly 하늘의, 천국의
◆Heaven helps those who help themselves. 속담
하늘은 스스로 돕는 자를 돕는다.
◆a heaven on earth 지상의 낙원

1689☐ **barometer**
[bərámitər]
똉 기압계, 척도
◆The education of a country is the barometer of culture.
교육은 그 나라 문화의 척도이다.

1690☐ **famine**
[fǽmin]
똉 기근, 굶주림
◆a house famine 주택난
◆Chinese peasants no longer suffer from the famines. 수능기출
중국의 농부는 더 이상 기근에 시달리지 않는다.

317

1691☐ **barren**
[bǽrən]
ⓗ 불모의, 불임의, 메마른 (↔ fertile 비옥한)
◆ barren land 불모지

1692☐ **pole**
[poul]
ⓜ 막대기, 극(極)
◆ a fishing pole 낚싯대, the North Pole 북극

1693☐ **self-conscious**
[sélfkánʃəs]
ⓗ 자의식이 강한
◆ Teenagers are extremely self-conscious.
십대들은 극단적으로 자의식이 강하다. 수능기출

1694☐ **germ**
[dʒəːrm]
ⓜ 세균, 병균
◆ a germ carrier 보균자
◆ Germs are invisible to the naked eye.
세균은 육안으로 볼 수 없다.

1695☐ **furniture**
[fə́ːrnitʃər]
ⓜ 가구
◆ a set of furniture 가구 한 벌

1696☐ **lick**
[lik]
ⓥ 핥다
◆ The puppy is licking his paw.
강아지가 발을 핥고 있다.

1697☐ **pond** 圄 연못
[pɑnd]

1698☐ **racial** 웹 인종의, 민족의
[réiʃəl] 圄 race 경주, 인종, 경쟁
◆ racial discrimination 인종 차별

1699☐ **compass** 圄 나침반, 범위, 컴퍼스
[kʌ́mpəs] 통 우회하다, 에워싸다(surround)
◆ an island compassed by the sea
바다에 둘러싸인 섬

1700☐ **noble** 웹 고귀한, 귀족의
[nóubl] 圄 nobility 귀족, 고귀함
◆ a noble family 귀족

1701☐ **slam** 통 쾅 닫다, 털썩 내려놓다
[slæm] ◆ slam dunk 덩크슛(dunk shot)
◆ Don't slam the door. 문을 쾅 닫지 마라.

1702☐ **controversial** 웹 논쟁상의, 논쟁의 여지가 있는
[kὰntrəvə́:rʃəl] 圄 controversy 논쟁
◆ a controversial policy
논쟁의 여지가 있는 정책

**319**

1703☐ **raw** 　　　휑 날것의, 가공하지 않은
[rɔː] 　　　◆raw materials 원료, raw cream 생크림

1704☐ **hindrance** 　명 방해, 장애(물)　동 hinder 방해하다(interrupt)
[híndrəns] 　　◆without hindrance 아무런 장애없이
　　　　　　　◆The sand hindered our walking.
　　　　　　　모래가 걷는 데 방해가 되었다.

1705☐ **foreign** 　휑 외국의
[fɔ́(ː)rin] 　　◆a foreign language 외국어
　　　　　　　◆foreign policy 외교 정책

1706☐ **partial** 　휑 부분적인, 불공평한(unfair) (↔impartial 공평한)
[páːrʃəl] 　　◆a partial opening of the market
　　　　　　　부분적인 시장 개방

1707☐ **recover** 　동 회복하다, ~을 되찾다　명 recovery 회복
[rikʌ́vər] 　　◆recover one's sight 시력을 회복하다
　　　　　　　◆recover a lost watch 잃었던 시계를 되찾다

1708☐ **discount** 　명동 할인(하다)
[dískaunt] 　　◆at a discount 할인하여
　　　　　　　◆Is there a discount for cash payment?
　　　　　　　현금 지불하면 할인해 주나요?

익숙하지만
다양하게 사용되는
# 영단어

**about**     ① ~에 대하여       ② 약, 대략

① a book about fishing 낚시에 대한 책
② It costs about $10. 그것은 약 10달러이다.
◆ be about to V 막 ~ 하려고하다
    The game is about to start. 게임이 막 시작하려고 한다.

1710 **apply**     ① 적용(응용)하다(to)       ② 지원하다(for/to)

① apply science to everyday life 과학을 일상생활에 응용하다
② apply for the overseas volunteers program
    해외 자원 봉사 프로그램에 지원하다

1711 **arm**     ① 팔       ② arms 무기, 무장시키다

② one's right arm 오른팔
② the production of arms 무기제조
② A man is heavily armed. 남자가 중무장을 하고 있다.

1712 **article**     ① 기사, 논문       ② 물품, 물건

② articles for practical use 실용적인 물건
② an editorial article (신문의)사설

1713 **ask**     ① 묻다       ② 요청하다

① ask the time 시간을 묻다
② ask for forgiveness 용서를 요청하다

| 1714 | **as** | ① ~로서(자격) | ② ~할 때(시간) |
| | | ③ ~ 때문에(이유) | ④ ~처럼 |
| | | ⑤ ~함에 따라 | |

① as your father 네 아버지로서

② He came up to me as I was speaking.

내가 말을 하고 있을 때 그가 다가왔다.

③ As I was tired, I soon fell asleep. 피곤했기 때문에 곧 잠이 들었다.

④ Do in Rome as the Romans do.

로마에 가면 로마의 풍습을 따르라.

⑤ As she grew older, she became more beautiful.

· 그녀는 커감에 따라 점점 더 예뻐졌다.

◆ as A as B   B만큼 A한(동급 비교)

He is as tall as you. 그는 키가 너만큼 크다.

◆ B as well as A   A뿐만 아니라 B도

He gave us clothes as well as food.

그는 우리에게 음식 뿐만 아니라 옷도 주었다.

◆ as long as ~하는 동안, ~하는 한

as long as one lives 살아 있는 한

◆ as soon as 하자마자, 하자 곧

as soon as possible 가능한 빨리

◆ as far as ~까지, ~하는 한

as far as I know 내가 아는 한

| 1715 | **bear** (bear-bore-born) | ① 참다 | ② 낳다 |
| | | ③ (마음에) 품다 | ④ 곰 |

① I can't bear the noise. 소음을 참을 수 없다.

② He was born in Pusan. 그는 부산에서 태어났다.

③ bear in mind 명심하다(keep in mind)

**1716** **book** ① 책 ② 예약하다

① a reference book 참고서
② Book me a flight to London.
런던행 비행편을 예약해 주십시오.

**1717** **break** ① ~을 깨다, 부수다 ② 휴식

① break a window 유리창을 깨다
② Let's take a break. 휴식하자.

**1718** **but** ① 그러나 ② ~을 제외하고

① He works hard, but he is very poor.
그는 열심히 일했지만 몹시 가난하다.
② Nobody could solve the problem but I.
나 이외에는 아무도 그 문제를 풀지 못했다.

**1719** **change** ① 바꾸다 ② 거스름 돈, 잔돈

① change one's address 주소를 바꾸다
② Keep the change. 잔돈은 가지세요.

**1720** **company** ① 회사 ② 일행, 친구

① a life insurance company 생명보험 회사
② A man is know by the company he keeps.
친구를 보면 그 사람을 알 수 있다.

| 1721 | **charge** | ① 부과하다, 청구하다 | ② 요금 |
|---|---|---|---|
| | | ③ 충전하다 | ④ 책임 |

① charge a tax on an estate 토지에 세금을 부과하다

② free of charge 무료로

③ charge a battery 배터리를 충전하다

④ He is in charge of the accounting department.
그는 회계부의 책임자이다.

| 1722 | **check** | ① 점검하다 | ② 체크인(아웃)하다 |
|---|---|---|---|
| | | ③ 수표 | |

① Check your accounts. 계산서를 점검하십시오.

② check out of a hotel 호텔에서 체크 아웃하다

③ cash or check 현금이나 수표

| 1723 | **close** | ① 닫다(↔open 열다) | ② 가까운 |
|---|---|---|---|

① close a door 문을 닫다

② a close friend 절친한 친구

| 1724 | **count** | ① 수를 세다, 계산하다 | ② 중요하다 |
|---|---|---|---|

① count the money 돈을 세다

② What he said does not count. 그가 말한 것은 중요하지 않다.

◆ count on ~에 의존하다 (depend on=rely on)

| 1725 | **cover** | ① 덮다 | ② 취재하다, 보도하다 |
|------|------|------|------|

① Snow covered the highway. 고속도로는 눈으로 덮여 있었다.

② The reporter covered the accident.

그 기자는 그 사고를 보도했다.

| 1726 | **custom** | ① 관습, 풍습 | ②(pl)관세, 세관 |
|------|------|------|------|

① according to the custom 관습에 따라

② pass the customs 세관을 통과하다

| 1727 | **dish** | ① 접시 | ② 요리, 음식 |
|------|------|------|------|

① a vegetable dish 야채 접시

② a cold dish 찬 음식

| 1728 | **even** | ① 심지어 ~조차도 | ② 평평한 |
|------|------|------|------|
| | | ③ 짝수의(↔ odd 홀수의) | ④ even + 비교급, 훨씬 더 ~한 |

① Even he could not jump. 그는 뛸 수도 없다.

② even ground 평지

③ an even page 짝수 페이지

④ She is even more beautiful than her sister.

그녀는 동생보다 훨씬 아름답다.

◆ even if=even thouth 비록 ~일지라도

326

1729 **end** ① 끝 ② 목적

① be sharp at the end 끝이 예리하다
② gain one's end 목적을 달성하다
◆ in the end 마침내, 결국

1730 **face** ① 얼굴 ② ~에 직면하다

① a lovely face 예쁜 얼굴
② be faced with danger 위험에 직면하다

1731 **fair** ① 공정한(↔unfair) ② 박람회

① a fair decision 공평한 판단
② an industrial fair 산업 박람회

1732 **fall** ① 가을 ② 떨어지다
③ 멸망 ④ 폭포

① the fall of 2005 2005년의 가을
② Rain is falling. 비가 내리고 있다.
③ the fall of the Roman Empire 로마 제국의 멸망
④ Niagara Falls 나이애가라 폭포

1733 **fast** ① 빠른 ② 단식,금식(하다)

① a fast bus 급행 버스
② I have been fasting all day.
오늘 하루 종일 아무것도 먹지 않았다.

**for**

① ~을 위하여     ② ~때문에     ③ ~동안

④ ~을 향하여     ⑤ ~에 대하여     ⑥ ~을 지지하여

① go for a walk 산책하러 가다

② for many reasons 많은 이유로

③ for a long time 오랫동안

④ leave for New York 뉴욕을 향하여 출발하다

⑤ a taste for music 음악에 대한 취향

⑥ for and against 찬성과 반대

**figure**

① 숫자             ② 모양, 모습

③ 인물

① significant figures 유효 숫자

② be square in figure 모양이 사각형이다

③ a national figure 전국적으로 유명한 인물

◆ figure out 이해하다, 계산하다

    figure out my income tax 내 소득세를 계산하다

**free**

① 자유로운          ② 무료의

③ 한가한           ④ ~이 없는, 면제된

① a free negro 해방된 흑인

② a free ticket 공짜 티켓

③ I'm free today. 나 오늘 한가해.

④ a duty-free shop 면세점

**Day 60**

1737 **field**  ① 들판  ② 분야

① flowers of the field 들꽃
② a field of research 연구 분야

1738 **fine**  ① 좋은  ② 벌금(을 부과하다)
③ 미세한, 가는

① fine workmanship 훌륭한 솜씨
② a parking fine 주차 위반 벌금
③ fine sand 고운 모래

1739 **fire**  ① 불  ② 해고하다 (dismiss)

① Fire burns. 불이 탄다.
② You're fired. 당신은 해고되었습니다.

1740 **gift**  ① 선물  ② 재능

① a Christmas gift 크리스마스 선물
② a gift for music 음악적 재능

1741 **good**  ① 좋은, 훌륭한  ② (pl)물품, 상품

① He is from a good family. 그는 가문이 좋다.
② essential goods 필수품

329

**1742** **ground** ① 운동장 ② 근거, 이유

① baseball ground 야구장

② on economic grounds 경제적인 이유로

**1743** **game** ① 놀이, 게임, 경기 ② 사냥감

① What a game! 참 재미있군!

the Olympic Game 올림픽 경기 대회

②The victims were mostly hunters and hikers who were mistaken for game. 수능기출

희생자들은 대개 사냥감으로 오인된 사냥꾼들과 하이킹하는 사람들이었다.

**1744** **hand** ① 손 ② 일손, 도움
③ 건네주다

① rub one's hands 두 손을 비비다

② Could you give me a hand with this boxes?

이 상자들을 옮기는 것을 좀 도와주겠니?

③ Please hand me the salt. 소금 좀 건네주세요.

**1745** **if** ① 만일~ 라면 (가정법) ② ~ 인지 아닌지

① If it is possible 가능하다면

② He did not know if it was true or not.

그는 그것이 진짜인지 아닌지 알지 못했다.

746 **interest** ① 관심, 흥미 ② 이익 ③ 이자

① we are interested in result of the election.
우리는 선거 결과에 관심이 있다.
② the public interests 공익
③ free of interests 무이자

747 **land** ① 육지, 나라 ② 상륙(착륙)시키다

① travel by land 육로로 여행하다
② land an airplane in an airport 비행기를 공항에 착륙시키다

748 **last** ① 마지막의 ② 계속(지속)하다

① at the last minute 마지막 순간에
② The lecture lasted an hour. 강의는 1시간 계속됐다.

749 **leave** ① 떠나다 ② 휴가
③ ~을 남기다

① He left Seoul yesterday. 그는 어제 서울을 떠났다.
② a month's leave 1개월의 휴가
③ leave a message 메시지를 남기다

750 **letter** ① 편지 ② 문자

① write a letter to ~에게 편지를 쓰다
② the letters of the alphabet 알파벳 문자들

331

**like**　① ~을 좋아하다　② ~처럼
③ what~ like = how

① I don't like cat. 나는 고양이를 좋아하지 않는다.
② He swam like a fish. 그는 물고기처럼 헤엄쳤다.
③ What is the weather like ? 날씨가 어때요?

1752 **long**　① 긴　② 간절히 바라다, 갈망하다

① a long distance 장거리
② We are longing for peace.
　우리는 평화를 갈망하고 있다.

1753 **major**　① 주요한(↔minor)　② 전공(하다)

① the major industry 주요 산업
② major in mathematics 수학을 전공하다

1754 **mean**　① 의미하다, 의도하다　② 중간의, 평균의
③ 비열한　④ (pl)수단

① what do you mean by that? 무슨 뜻으로 그런 말을 하느냐?
② the mean temperature 평균 온도
③ It's mean of you to do that. 그런 짓을 하다니 넌 비열하다.
④ a means of transportation 교통 수단
◆ by means of ~에 의해
◆ by all means 반드시, 꼭
◆ by no means 결코 ~이 아니다

**matter**     ① 문제            ② 중요하다.

① It is another matter. 그것은 별개의 문제다.

② It doesn't matter. 그것은 중요하지 않다.

**meet**     ① 만나다           ② 충족시키다

① I met an old friend in the park.

   나는 공원에서 옛 친구와 마주쳤다.

② meet the needs 욕구를 충족시키다

**might**     ① may의 과거        ② 힘(mighty 강한)

① Might I ask your name? 성함을 여쭈어 보아도 괜찮습니까?

② Might is right. 힘은 정의다.

③ a mighty ruler 강력한 통치자

**mine**     ① 나의 것           ② 광산, 채굴하다

① a friend of mine 나의 친구

② a gold mine 금광

**miss**     ① 놓치다            ② 그리워하다

① miss one's chance 기회를 놓치다

② They will miss each other. 그들은 서로 그리워할 것이다.

<table>
<tr><td>1760</td><td>**move**</td><td>① 움직이다.<br>③ 감동시키다.</td><td>② 이동(이사)하다</td></tr>
</table>

① The earth moves round the sun. 지구는 태양 주위를 돈다.

② move into the country 시골로 이사하다

③ The story moved me. 그 이야기가 나를 감동시켰다.

<table>
<tr><td>1761</td><td>**must**</td><td>① ~ 해야 한다(의무)</td><td>② ~ 임에 틀림없다(강한 추측)</td></tr>
</table>

① One must eat to live. 사람은 살기 위해서 먹지 않으면 안된다.

② That must be false. 그것은 거짓임에 틀림없다.

<table>
<tr><td>1762</td><td>**nature**</td><td>① 자연</td><td>② 성질, 천성</td></tr>
</table>

① Nature is the best physician. 자연은 가장 훌륭한 의사이다.

② Habit is second nature. 습관은 제 2의 천성이다.

<table>
<tr><td rowspan="3">1763</td><td rowspan="3">**over**</td><td>① ~위에</td><td>② ~을 넘어</td></tr>
<tr><td>③ ~이상</td><td>④ ~저 쪽(편)의,~ 너머</td></tr>
<tr><td>⑤ 끝나고</td><td>⑥ ~하면서</td></tr>
</table>

① a bridge over the river 강에 놓인 다리

② look over a hedge 울타리 너머로 보다

③ Over a hundred people were injured in the accident.
100명 이상의 사람이 그 사고로 다쳤다.

④ the house over the river 강 건너 집

⑤ School will be over at three. 학교는 세시에 끝난다.

⑥ wait over a cup of coffee 커피를 마시면서 기다리다

| 764 | **net** | ① 그물 | ② 순(純) |
|---|---|---|---|
| | | ③ 최종의 | |

① a mosquito net 모기장

② a net profit 순이익

③ the net result 최종 결과

| 765 | **park** | ① 공원 | ② 주차하다 |
|---|---|---|---|

① a national park 국립 공원

② No parking 주차 금지

| 766 | **party** | ① 파티 | ② 정당 |
|---|---|---|---|
| | | ③ 일행 | |

① a dancing party 무도회

② join(leave) a party 입당(탈당)하다

③ a search party 수색대

| 767 | **present** | ① 선물 | ② 현재 |
|---|---|---|---|
| | | ③ 출석(참석)한(↔ absent) | ④ ~을 주다, 증정하다 |

① Here's a present for you. 이것은 너에게 주는 선물이다.

② the present cabinet 현 내각

③ I was present at the meeting. 나는 그 모임에 참석했다.

④ present a medal to a winner 우승자에게 매달을 수여하다

| 1768 | **press** | ① 누르다 | ② 출판(물), 인쇄 |
| | | ③ 언론계, 기자단 | |

① press a thing under a stone 물건을 돌로 눌러놓다
② freedom of the press 출판의 자유
③ hold a press conference 기자 회견을 열다

| 1769 | **pretty** | ① 예쁜 | ② 매우, 대단히 |

① a pretty face 예쁜 얼굴
② It's pretty good! 아주 좋다!

| 1770 | **raise** | ① 올리다 | ② 모으다 |
| | | ③ 기르다, 양육하다 | ④ 일으키다 |

① raise heavy loads 무거운 짐을 들어올리다
② raise a subscription 기금을 모으다
③ raise ten children 10명의 아이를 기르다
④ raise a revolt 반란을 일으키다

| 1771 | **read** | ① 읽다 | ② ~라고 쓰여 있다 |

① He can read French. 그는 프랑스어를 읽을 수 있다.
② It reads as follows. 다음과 같이 적혀 있다.

| 1772 | **rest** | ① 쉬다, 휴식 | ② 나머지 |

① lie down and rest 누워서 쉬다
② He lived there for the rest of his life.
그는 여생을 그 곳에서 보냈다.

| 1773 | **right** | ① 오른쪽(의) | ② 옳은 |
|------|-----------|-------------|--------|
| | | ③ 권리 | ④ 바로, 즉시 |

① the right eye 오른쪽 눈

② Always do what is right. 항상 옳은 일을 해라.

③ human rights 인권

④ right after dinner 저녁 식사 후 즉시

| 1774 | **run** | ① 달리다 | ② 흐르다 |
|------|---------|----------|----------|
| | | ③ 경영하다 | ④ (선거에)출마하다 |

① I ran ten miles. 나는 10마일을 달렸다.

② The stream runs clear. 그 개울은 맑게 흐른다.

③ She runs a hotel. 그녀는 호텔을 경영한다.

④ run for president 대통령에 입후보하다

| 1775 | **safe** | ① 안전한 | ② 금고 |
|------|----------|---------|--------|

① a safe place to live in 살기에 안전한 장소

② break a safe 금고를 털다

| 1776 | **save** | ① 저축하다 | ② 구하다 |
|------|----------|-----------|----------|
| | | ③ (시간, 노력, 비용 등을)덜어주다, 줄이다 | |

① save money for old age 노후를 위해 돈을 모으다

② He saved a drowning man. 그가 물에 빠진 사람을 구했다.

③ This shirt saves ironing. 이 셔츠는 다림질을 안해도 된다.

337

**short**  ① 짧은  ② 부족한, 부족, 결손

① for a short while 잠시 동안

② short weight 중량 부족, a short crop 흉작

◆ in short 간단히 말해서, 요컨대


**since**  ① ~ 이래로  ② ~ 때문에

① She's been unhappy since she left home.
그녀는 집을 떠난 이래로 줄곧 불행했다.

② Since you are tired, you should rest.
당신은 피곤하기 때문에 쉬어야 한다.


**sound**  ① 소리  ② 건강한, 건전한

① Sound travels slower than light.
소리는 빛보다 느리게 전달된다.

② A sound mind in a sound body. 격언
건전한 신체에 건전한 정신이 깃든다.


**spring**  ① 봄  ② 용수철, 스프링  ③ 튀어 오르다  ④ 싹이 트다  ⑤ 샘

① Spring has come. 봄이 왔다.

② wind a spring 태엽을 감다

③ spring out of bed 잠자리에서 뛰어 나오다

④ spring from seeds 씨에서 싹이 트다

⑤ a hot spring 온천

**stand** ① 서다  ② 참다, 견디다(tolerate)

① stand straight 똑바로 서다

② I can't stand the cold 나는 이 추위에 견딜 수 없다.

◆ stand for 나타내다. 상징하다

What does LP stand for? LP란 무슨 약어인가?

---

**state** ① 상태  ② 주, 국가

③ 말하다, 진술하다

① the financial state of the company 그 회사의 재정 상태

② The United States of America 미합중국

③ as stated above 위에서 말한 바와 같이

---

**still** ① 아직도  ② 움직이지 않는

③ (비교급의 강조)훨씬  ④ 그럼에도 불구하고

⑤ 조용한

① I shudder still now. 아직도 몸서리가 난다.

② as still as a stone 돌처럼 움직이지 않는

③ still more~ 한층 더~한

④ He is old, still he is able. 그는 늙었지만 그래도 아직 유능하다.

⑤ Still waters run deep. 잔잔한 물이 깊다. 속담

---

**store** ① 가게  ② 저장(비축)하다

① a retail store 소매점

② store food for the winter 겨울에 대비해서 식량을 비축하다

## 1785 strike  ① 치다  ② 파업(하다)

① He struck me on the head. 그는 내 머리를 쳤다.
② a general strike 총 파업


## 1786 such  ① 그러한(such a(an))  ② ~와 같은(such as)

① I never saw such a sight. 나는 그런 광경을 본 적이 없었다.
② A plan such as he proposes is unrealistic.
　그의 제안과 같은 계획은 비현실적이다.


## 1787 take  ① 가져가다, 가지다  ② (차를)타다  ③ 시간이 걸리다  ④ (음식, 약 등을)먹다

① Take your umbrella with you. 우산을 가지고 가시오.
② Take a taxi. 택시를 타라.
③ It takes about 30 minutes to get there.
　거기 도착하기까지 약 30분 정도 걸립니다.
④ take medicine 약을 먹다
◆ take measures 조치를 취하다　◆ take notes 필기하다
◆ take part in~에 참가(참여)하다　◆ take care of ~을 돌보다
◆ take off ~(몸에 걸친 것을)벗다(↔ put on)


## 1788 tell  ① 말하다  ② ~을 구별하다

① tell a lie 거짓말하다
② I can't tell him from his brother.
　그와 그의 형과는 분간 할 수가 없다.

340

**tear**       ① 눈물       ② (tear-tore-torn)찢다

① brust into tears 울음을 터뜨리다
② tear a piece of paper 종이를 찢다

**train**       ① 기차       ② 훈련시키다

① travel by train 기차로 여행하다
② train a dog to bey 개가 말 잘 듣도록 훈련시키다

**turn**
① 돌리다       ② 차례, 순번
③ 켜다(turn on)(↔turn off 끄다)
④ ~로 판명되다(turn out)

① turn a wheel 차바퀴를 돌리다
② It's my turn to pay. 이번에는 내가 낼 차례다.
③ turn on the radio 라디오를 켜다
④ The rumor has turned out false.
   소문은 거짓말임이 판명되었다.

**very**       ① 매우       ② 바로 그

① Thank you very much. 대단히 고맙습니다.
② That's the very item I was looking for.
   그게 바로 내가 찾던 아이템이다

**want**       ① 원하다       ② 부족(하다)

① Wanted a bookkeeper. 경리 사원 구함.
② want of water 물 부족

1794 **well** ① 잘　　　　　　　② 우물

① He speaks English well. 그는 영어를 잘 한다.
② a well of information 지식의 샘

1795 **while**
① ~하는 동안
② 반면에(문장 중간에서 comma(,) 뒤에 바로 나오는 경우)

① Don't phone me while I'm at office.
　회사에 있는 동안 전화를 걸지 말아 주시오.
② He has remained poor, while his brother has made
　a fortune.
　그는 여전히 가난하다, 반면에 그의 형은 한 밑천 잡았다.

1796 **wind** ① 바람　　　　　② 감다(wind-wound-wound)

① seasonal winds 계절풍
② She wound the bandage on his finger.
　그녀는 그의 손가락을 붕대로 감았다.
　cf. wound[wu:nd] 상처(입히다)

1797 **work**
① 일(하다)　　　　　② 효과가 있다
③ 작품

① We works 35 hours a week.
　우리들은 1주일에 35시간 일한다.
② Flattery will not work with her.
　그녀에게 아첨해 보았자 효과가 없을 것이다.
③ his latest work 그의 최신 작품

342

| 1798 | **with** | ① ~와 함께 | ② ~인 채로 |
|---|---|---|---|
| | | ③ ~을 사용하여 | ④ ~을 가진 |
| | | ⑤ ~ 때문에 | |

① Will you have dinner with me?

저와 함께 식사를 하시겠습니까?

② He stood with a pipe in his mouth.

그는 파이프를 입에 문 채 서 있었다.

③ cut with a knife 나이프로 자르다

④ a girl with curly hair 곱슬머리의 소녀

⑤ She jumped up with joy. 그녀는 기뻐서 팔짝팔짝 뛰었다.

| 1799 | **without** | ① ~없이 | ② ~이 없(었)다면 (가정법) |
|---|---|---|---|

① without doubt 의심할 것도 없이

② Without his advice, I would have failed.

그의 충고가 없었더라면 나는 실패했을 것이다.

| 1800 | **yet** | ① (부정문에서) 아직 | ② (의문문에서) 이제, 벌써 |
|---|---|---|---|
| | | ③ 그러나 | |

① He have not come yet. 그는 아직 오지 않았다.

② Have you finished with the paper yet?

이제 신문은 다 읽었습니까?

③ He is rich, yet modest. 그는 부자지만 겸손하다.

# *Check up* (58th-60th day)

1) 다음 영어는 우리말로, 우리말은 영어로 쓰시오.(1-14)

| | |
|---|---|
| 1. esteem | 8. 환자 |
| 2. proficient | 9. 여가 |
| 3. administration | 10. 재산 |
| 4. arrogant | 11. 창백한 |
| 5. famine | 12. 세균 |
| 6. claim | 13. 가구 |
| 7. company | 14. 외국의 |

2) 다음 빈 칸에 알맞은 단어를 쓰시오.(15-30)

| | |
|---|---|
| 15. a _____ shop | 보석 가게 |
| 16. literary _____ | 저작권 |
| 17. a house _____ | 주택난 |
| 18. a _____ carrier | 보균자 |
| 19. a sweet _____ | 단맛 |
| 20. a _____ population | 과잉 인구 |
| 21. a fishing _____ | 낚싯대 |
| 22. at a _____ | 할인하여 |
| 23. _____ a battery | 배터리를 충전하다 |
| 24. a _____ of research | 연구 분야 |
| 25 an editoral _____ | (신문의)사설 |
| 26 an industrial _____ | 산업 박람회 |
| 27 the _____ temperature | 평균 온도 |
| 28 a mosquito _____ | 모기장 |
| 29 _____ for president | 대통령에 입후보하다 |
| 30 _____ me a flight to London. | 런던행 비행기편을 예약해 주세요. |

정답 1.존중하다 2.숙달된 3.관리 4.건방진 5.기근 6.요구하다 7.회사 8.patient 9.leisure 10.property 11.pale 12.germ 13.furniture 14.foreign 15.jewelry 16.property 17.famine 18.germ 19.flavor 20.surplus 21.pole 22.discount 23.charge 24.field 25.article 26.fair 27.mean 28.net 29.run 30.Book

# ◈ 서로 혼동하기 쉬운 어휘들 ◈

access[ǽkses]접근(approch)
excess[eksés]과잉(surplus)

adapt[ədǽpt]적응시키다(fit)
adopt[ədápt]채택하다,양자로삼다

affect[əfékt]영향을 미치다
effect[ifékt]영향,효과

aid[eid]도움(help)
aide[eid]보조자(assistant)

hairless[héərlis]털이 없는
heirless[έərlis]상속인이 없는

altar[ɔ́:ltər]제단
alter[ɔ́:ltər]바꾸다(change)

amend[əménd]고치다
emend[iménd](책을)교정하다

annual[ǽnjuəl]일년을 단위로 하는(yearly)
annul[ənʌ́l]취소하다(cancel)

argument[ɑ́:rgjumənt]논쟁
augment[ɔ:gmént]증가하다(increase)

ascent[əsént]상승
assent[əsént]동의(agreement)

vocation[voukéiʃən]본업,천직(calling)
vacation[veikéiʃən]휴가(holiday)

bandage[bǽndidʒ]붕대
bondage[bándidʒ]노예 상태(slavery)

bare[bɛər]벌거벗은(naked)
bear[bɛər]곰

bass[beis]저음부
base[beis]기초(foundation)

beside[bisáid]~의옆에(next to)
besides[bisáidz]~이외에

elemental[eliméntl]기본적인(basis)
elementary[elimléntəri]초보의

ensure[enʃúər]보장하다
insure[inʃúər]보험에 들다(secure)

bloc[blɑk]블럭,권
block[blɑk]덩어리

bust[bʌst]부수다(break)
burst[bə:rst]터지다(explode)

canvas[kǽnvəs]강한 천
canvass[kǽnvəs]선거운동하다(campaign)

collision[kəlíʒən]충돌(crash)
collusion[kəlú:ʒən]공모(共謀)

command[kəmǽnd]명하다
commend[kəménd]칭찬하다(praise)

complement[kámpləmənt]보충물
compliment[kámpləmənt]찬사

condemn[kəndém]비난하다(blame)
contemn[kəntém]경멸하다

console[kənsóul] 위로하다(comfort)
condole[kəndóul] 애도하다

convey[kənvéi] 운반하다
convoy[kánvɔi] 호위하다(escort)

corps[kɔːr] 단체(group)
corpse[kɔːrps] 시체

daily[déili] 매일의(everyday)
dairy[déəri] 낙농장(dairy farm)
diary[dáiəri] 일기

decease[disíːs] 사망(death)
disease[dizíːz] 병(illness)

desert[dézərt] 사막
dessert[dizɔ́ːt] 후식

die[dai] 죽다
dye[dai] 염색하다

divers[dáivərz] 여러가지의(various)
diverse[divɔ́ːrs] 다른(different)

flagrant[fléigrənt] 명백한(obvious)
fragrant[fréigrənt] 향기로운

flatter[flǽtər] 아첨하다
flutter[flʌ́tər] 펄럭이다(wave)

forbear[fɔːrbɛ́ər] 참다(endure)
forebear[fɔ́ːrbɛər] 조상(ancestor)

gasp[gæsp] 숨을 헐떡이다
grasp[græsp] 붙잡다(hold)

genuine[dʒénjuin] 진짜의
genius[dʒíːnjən] 천재

hallow[hælou] ~을 신성하게 하다
hollow[hálou] 속이 비게 하다

human[hjúːmən] 사람의
humane[hjuːméin] 자비로운(merciful)

imprudent[imprúːrdənt] 경솔한
impudent[ímpjudənt] 뻔뻔스러운

indolent[índələnt] 게으른(lazy)
insolent[ínsələnt] 거만한

induce[indúːs] 유도하다
induct[indʌ́kt] 안내하다, 앉히다

intension[inténʃən] 긴장
intention[inténʃən] 의도

jealous[dʒéləs] 질투하는(envious)
zealous[zéləs] 열광적인

kneel[niːl] 무릎을 꿇다
knell[nel] 종소리

laud[lɔːd] 칭찬하다(praise)
loud[laud] 시끄러운(noisy)

loose[luːs] 풀어진
lose[luːz] 잃어버리다

massage[məsáːʒ] 안마
message[mesidʒ] 전갈

marvel [máːrvl] 경이로운
marble [máːrbl] 대리석

miserly [máizərli] 인색한
misery [mízəri] 비참한

moan [moun] 신음
mourn [mɔːrn] 슬퍼하다

personal [pə́rsinəl] 개인의 (individual)
personnel [pəːrsənnél] 전 직원

portable [pɔ́ːrtəbl] 휴대용의 (movable)
potable [póutəbl] 음료로 적합 (drinkable)

pray [prei] 빌다 (leg)
prey [prei] 잡아먹다

principal [prínsəpəl] 주요한 (main)
principle [prínsəpl] 원리

raise [reiz] 올리다 (lift)
rise [rɑiz] 오르다, 증가하다

reflect [riflékt] 반사하다 (mirror)
refract [riflǽkt] 굴절시키다 (bend)

reign [rein] 통치 기간 (period of rule)
rein [rein] 고삐 (bridle)

route [ruːt] 길 (road)
root [ruːt] 뿌리

reality [riːǽləti] 현실
realty [ríːəlti] 부동산 (real estute)

saga [saːgə] 모험담
sage [seidʒ] 현인 (wiseman)

salon [səlán] 가게 (shop)
saloon [səlúːn] 술집 (bar)

sailer [séilər] 배 (ship)
sailor [séilər] 선원

saw [sɔː] 톱질하다
sow [sou] (씨를) 뿌리다
sew [sou] 꿰매다

severe [siviər] 엄한 (strict)
sever [sévər] 끊다 (cut)

slander [slǽndər] 비방
slender [sléndər] 호리호리한

stationary [stéiʃəneri] 정지된 (fixed)
stationery [stéiʃəneri] 문구류

statue [stǽtʃuː] 상 (像)
status [stéitəs] 지위 (position)

tomb [toum] 무덤 (grave)
tome [tuːm] 큰 책 (large heavy book)

vague [veig] 모호한 (obscure)
vogue [voug] 유행 (fashion)

# INDEX

## A

F

G

## H

## I

**353**

357